Wolfgang Koeppen wurde 1906 in Greifswald geboren. Als junger Mann siedelte er nach Berlin um, wo er als Feuilletonredakteur tätig war. Nach einem Aufenthalt in den Niederlanden »stellte er sich während des Nationalsozialismus beim Film unter«. Er zog 1945 nach München, wo er bis zu seinem Tod im Jahre 1996 lebte.

»Muß man München nicht lieben?« Wolfgang Koeppen, der über ein halbes Jahrhundert in der Isarmetropole lebte und dort 1996 starb, stellte diese Frage und beantwortet sie auf seine Weise. Was er, immer knapp und stets pointiert, niederschrieb, ist hier in dreißig Texten nachzulesen: Impressionen, Vermutungen und Einsichten. Das weit ausgreifende Panorama, das den Band eröffnet (München oder Die bürgerlichen Saturnalien), war bisher nur in der verstümmelten Fassung des Erstdrucks von 1959 bekannt; es wird erstmals in seiner ursprünglichen Vollständigkeit vorgestellt. Die meisten anderen Texte sind dem Nachlaß entnommen.

Alfred Estermann ist Professor für Buchwissenschaft an der Universität Mainz.

Heinz Friedrich, geb. 1922, war langjähriger Verleger des in München angesiedelten Deutschen Taschenbuch Verlags, dtv.

Isolde Ohlbaum, geb. in Moosburg/Obb., 1970-1972 »Bayerische Staatslehranstalt für Photographie« München. Seitdem freiberuflich tätig für Verlage, Zeitungen, Zeitschriften. Schwerpunkt: Porträtphotographie. Buchveröffentlichungen u. a.: *Denn alle Lust will Ewigkeit* 1986, *Im Garten der Dichter* 1997, *Frau Faltermeiers Blumenladen* 2001.

insel taschenbuch 2712
Wolfgang Koeppen
Muß man München nicht
lieben?

*Karl-Valentin-Brunnen am Viktualienmarkt
mit Blick auf die Hl.-Geist-Kirche*

Wolfgang Koeppen
Muß man München nicht lieben?

Mit einem Vorwort von Heinz Friedrich
Herausgegeben von Alfred Estermann
Photographien von Isolde Ohlbaum

Insel Verlag

insel taschenbuch 2712
Erste Auflage 2002
Originalausgabe
© dieser Ausgabe Insel Verlag Frankfurt am Main 2002
© der Wolfgang-Koeppen-Texte: Peter Suhrkamp Stiftung
© der Photographien: Isolde Ohlbaum, München
Vertrieb durch den Suhrkamp Taschenbuch Verlag
Satz: Hümmer GmbH, Waldbüttelbrunn
Druck: Memminger MedienCentrum AG
Printed in Germany

1 2 3 4 5 6 – 07 06 05 04 03 02

HEINZ FRIEDRICH
EULENSPIEGEL IN MÜNCHEN

Wolfgang Koeppen und München – das ist ein Kapitel für sich. Auf den Seiten dieses Buches wird es aufgeschlagen. Einen durchlaufenden Text bietet es nicht; vielmehr besteht es aus mehr oder minder umfänglichen Text-Puzzles, die der Leser erst zu einem Gesamtbild zusammenfügen muß. Aber der Lese-Aufwand lohnt sich. Denn die Perspektiven, die Koeppen in die Innen- und Außen-Ansichten der Stadt eröffnet, in der er über ein halbes Jahrhundert lebte (und in der er starb), sind ungewöhnlich und oft überraschend. Im Vertrauten entdeckt er das Hintergründige und auch das Fatale, und im Fremden und Ungewohnten erspürt er Vertrautes, ja: Heimisches. Und stets bringt er seine Einsichten, Beobachtungen und Anmerkungen auf einen originellen Punkt – auf zwei Seiten, auf zehn Seiten oder auch nur auf zehn Zeilen. München reizte ihn; es forderte ihn zum Für- und Widerspruch gleichermaßen heraus. Hier, in München, fühlte sich Koeppen, der im tiefsten Wesensgrund ein Unsteter und Unbehauster war, einigermaßen unter Dach und Fach. Die Stadt bot ihm nämlich einen unschätzbaren geistigen Standort-Vorteil: sie ließ ihn in Ruhe. Er machte von ihr kaum öffentlichen Gebrauch und sie (von wenigen Ehrungs-Ausnahmen abgesehen) nicht von ihm. Aber Koeppen lebte nicht an München vorbei. Er ließ sich von der rustikalen Urbanität dieser Stadt, von ihrer konservativen Naivität wie von ihrem intellektuellen Charme ebenso hinreißen wie von ihrer Vitalität und ihrer derben Genußfreude. Aber er wahrte ironische Distanz. Das fröhlich-unbekümmerte Mitmachen war seine Sache nicht. Er genoß das Leben auf seine Art: indem er es beobachtete und antithetisch beschrieb. Er konnte gar nicht anders als jede Medaille, die ihm vor die Augen kam, von zwei Seiten zu betrachten und das Für sowohl als auch das Wider zu erwägen. Daß ihm dies stets auf sinnlich-anschauliche Weise und ohne Hinzunahme dialektischen Reflexions-Ernstes gelang, spricht für Koeppens poetisches Genie und verbürgt den eigenwilligen Reiz seiner Prosa.

Koeppen lebte zurückgezogen in München. Aber er war kein Eremit, eher ein weltmännischer Eigenbrötler. Man mußte ihn aus seiner Behausung herauslocken, um seine urbanen Qualitäten zu testen – beim Essen zum Beipiel in feinen Lokalen, wo Koeppen erstaunliche Gourmet-Eigenschaften erkennen ließ. Aber auch in solchen Stunden fühlte er sich nur als Besucher der Münchner Szene; auf trat er in ihr nie.

Münchner Szene. In der Tat: diese ganze Stadt war und ist Bühne. Wer sie zu nutzen versteht, kann auf ihr exzentrisch brillieren und sich den täglichen Klatschspalten der Boulevard-Blätter als Dauergast empfehlen. Auch dieser Halbwelt-Glamour verleiht der eigenartigen Weltstadt München mit dem katholischen Herzen ihren besonderen, augenzwinkernden Reiz. Oktoberfest und Fronleichnamsprozession, Faschingsfeste und Hochämter im Dom, Staatsakte und Bargeflüster, Tragödien und Komödienstadel – auf diesem Weltstadt-Theater ist alles neben- und miteinander gleichermaßen unmöglich und möglich.

Kaum einer hat die Münchner Weltbühne in den vitalen Widersprüchen ihres Spielplans derart lebensnah zur literarischen Sprache gebracht wie ihr ständiger Zuschauer Wolfgang Koeppen. Auf ihn, den aus Greifswald gebürtigen, aber in Ostpreußen aufgewachsenen »Zugereisten« übt dieses süddeutsch-bajuwarische Lebens-Spektakel eine fast magische Anziehungskraft aus. Es ist ihm fremd und verlockend zugleich. Er spürt das Verwandte; es geniert, belustigt und beunruhigt ihn gleichermaßen. Dementsprechend energisch sträubt er sich gegen die Vereinnahmung durch die Realität. Der Wechsel der Farben und Gerüche, der Gefühle und Konstellationen in den Münchner »Saturnalien« – dieses lustvolle Gemisch urban-rustikaler Lebensäußerungen korrespondiert mit seinem expressiven Sensorium für das Absurde im Normalen, für das Ungewöhnliche im Alltäglichen und das Merkwürdige im Würdigen. Der Breughelschen Szenerien, in denen sich das Hintergründige und Närrische menschlicher Verhaltensweisen so derb vordergründig als Wirklichkeit empfiehlt – sie sind seiner Phantasie durchaus vertraut: er entwirft sie in seinen Texten, sie entdeckt er in dem Zwiespalt der Figuren, die er beschreibt, und in den merkwürdigen Handlungen, in die sie sich gegenseitig verstrikken.

Es ist seine menschliche Fabel-Welt, die dem Norddeutschen Koeppen in dem süddeutschen München unverhofft begegnet und vor der er sich nur behaupten kann, wenn er nicht in sie eintaucht. Er verbietet sich, ein Münchner zu werden. Denn Unabhängigkeit ist seine Waffe, mit der sich seine Phantasie gegen die Wirklichkeit des Täglichen und

Alltäglichen behauptet. An den Potemkinschen Dörfern, in denen sich die deutsche Nachkriegs-Gesellschaft zu tummeln beginnt, will er nicht teilhaben. Trotzdem bieten sie auch ihm Schutz – eine Paradoxie, die ihn immer wieder herausfordert, sie zu beschreiben.

»Ich ging Eulenspiegels Wege«, notierte Koeppen über sich selbst. Er kannte sich gut. Ein Eulenspiegel war Koeppen zweifellos – nämlich einer, der den Mut aufbringt, sich und andere stets in Frage und damit auf die Probe zu stellen. Und einer, der sich weder beim Optimismus noch beim Pessimismus allzu lange aufhält, sondern stets die Ambivalenz des Lebens im Auge behält und deshalb weiß, daß dem Für ein Wider und dem Wider ein Für entgegensteht. Dieses Ambivalenz-Bewußtsein verleiht Koeppens Texten einen eigenartigen schlüssig-unschlüssigen Charakter. Die Aussagen über Personen und über das, was sie tun, bleiben offen – und auch die Wirklichkeit, die Koeppen wahrnimmt, verliert Festigkeit dadurch, daß er sie kritisch überprüft.

Man wußte bei Koeppen nie so recht, woran man bei ihm war – und wahrscheinlich geriet er sogar selbst oft in Zweifel, woran er bei sich war. Im Umgang mit anderen Menschen wirkte er manchmal verlegen oder gar geheimnisvoll verschlossen – zumal dann, wenn er ihnen erstmals begegnete. Seine Verlegenheit verschaffte ihm zugleich Überlegenheit; sie verunsicherte seine Gegenüber und machte sie gelegentlich sogar hilflos. Still lächelte er in solchen Situationen in sich hinein – ein Eulenspiegel eben, der entschlossen ist, sich seinen eigenen, eigenwilligen Reim auf die Welt zu machen, die partout nicht in Ordnung gebracht werden kann, weil die Menschen so sind, wie sie eigentlich nicht sein sollten …

Auch in seiner eigenen, in seiner persönlichen Welt ging es nicht immer ordentlich zu. Er hatte Mühe, die Übersicht über seine Verhältnisse zu behalten oder doch nicht ganz zu verlieren. Das trifft für seinen wirtschaftlichen Haushalt ebenso zu wie für seinen Schreibhaushalt. »Ich jage einem Gedanken nach und verlaufe mich«, notiert Koeppen. Er verlief sich in Labyrinthe und entdeckte dabei, daß das Leben selbst ein ungeheures Labyrinth sei. Um so entschiedener markierte er seine Wege und Irrwege durch den Ariadne-Faden seiner Schreib-Neugier in der Hoffnung, irgendwann doch einmal einen brauchbaren Lageplan dieser labyrinthischen Welt erstellen und auswerten zu können. Koeppens drei große Romane und seine Reise-Reportagen sind erste Entwürfe für diesen großen epischen Lage-Plan des Menschlichen, der ein Plan blieb und wahrscheinlich ein Plan bleiben mußte, weil die Eulenspiegel aus Zweifels-Gründen nie zu einem Ende kommen können.

Was der Eulenspiegel Koeppen hinterließ, waren und sind Lebens- und Lesespuren, Gedanken- und Erinnerungsspuren, festgehalten auf Stößen von Papier. Kramt man in diesem »Nachlaß« und zieht diesen Zettel, jene Manuskriptseite hervor, um zu prüfen, ob sie vergilbt sei, dann taucht unweigerlich das verschmitzt-verlegene Gesicht Koeppens aus der Papiervergangenheit auf und scheint mit unvergleichlichem Sphinx-Lächeln zu sagen: »Nicht wahr, daraus hätte doch noch allerhand werden können …«

Nun ja: es ist ja auch was daraus geworden, zum Beispiel

das hier vorliegende München-Kaleidoskop, das die Innen- und Außen-Ansichten einer bemerkenswerten Stadt in bunt durcheinandergewürfelten und dadurch zu immer neuen, bestechenden, unterhaltsamen, hintergründig-verschränkten Bilder-Collagen zusammenfügt.

Als Wolfgang Koeppen 1982 den Kulturellen Ehrenpreis der Stadt München empfing, sagte er in seiner Dankesrede:

»Der Preis bedeutet mir mehr als andere Auszeichnungen. Er gibt mir Heimat im Ort des Wohnens. Zwar hause ich gern in Hotelzimmern, irgendwo in der Welt, aber es ist gut, an einem bestimmten Punkt eine Schublade vor dem Grab zu haben.«

Eine Schublade vor dem Grab: In München wurde sie zugeschoben, für München wurde sie wieder aufgezogen, damit ihr Inhalt Zeugnis ablege für den Eulenspiegel, der hier, obwohl er sich nirgends zu Hause fühlte, doch noch eine »Heimat im Ort des Wohnens« fand. Auch hier leuchtet München. Aber listig erinnert Koeppen daran, daß auch das reinste Licht sich aus Spektral-Farben zusammensetzt ...

Wolfgang Koeppen
Muß man München nicht lieben?

»Die Isar fließt in das Schwarze Meer« (1990)

»Mit dem Sonnenuntergang des zweiten Tages erreichte ich das Ziel meiner Reise, die große Hauptstadt, welche mit ihren Steinmassen und großen Baumgruppen auf einer weiten Ebene sich dehnte. Meinen verhüllten Totenkopf in der Hand, suchte ich bald das notierte Wirtshaus und durchwanderte so einen guten Teil der Stadt. Da glühten im letzten Abendscheine griechische Giebelfelder und gotische Türme; Säulenreihen tauchten ihre geschmückten Häupter noch in den Rosenglanz, helle gegossene Erzbilder, funkelneu, schimmerten aus dem Helldunkel der Dämmerung, wie wenn sie noch das warme Tageslicht von sich gäben, indessen bemalte offene Hallen schon durch Laternenlicht erleuchtet waren und von geputzten Leuten begangen wurden. Steinbilder ragten in langen Reihen von hohen Zinnen in die dunkelblaue Luft, Paläste, Theater, Kirchen bildeten große Gesamtbilder in allen möglichen Bauarten, neu und glänzend, und wechselten mit dunklen Massen geschwärzter Kuppeln und Dächer der Rats- und Burgerhauser. Aus Kirchen und machtigen Schenkhäusern erscholl Musik, Geläute, Orgel- und Harfenspiel; aus mystisch-verzierten Kapellentüren drangen Weihrauchwolken auf die Gasse; schöne und fratzenhafte Künstlergestalten gingen scharweise vorüber, Studenten in verschnürten Röcken und silbergestickten Mützen kamen daher, gepanzerte Reiter mit glänzenden Stahlhelmen ritten gemächlich und stolz auf ihre Nachtwache, während Kurtisanen mit blanken Schultern nach erhellten Tanzsälen zogen, von denen Pauken und Trompeten herabtönten. Alte dicke Weiber verbeugten sich vor dünnen schwarzen Priestern, die zahlreich umhergingen; in offenen Hausfluren dagegen sassen wohlgenährte Bürger hinter gebratenen jungen Gänsen und mächtigen Krügen; Wagen mit Mohren und Jägern fuhren vorbei, kurz, ich hatte genug zu sehen, wohin ich kam, und wurde darüber so müde, dass ich froh war, als ich endlich in dem mir angewiesenen Zimmer des Gasthofs Mantel und Totenkopf ablegen konnte.«

So schildert Gottfried Keller in seinem »Grünen Heinrich« die Stadt München von 1840. Was müßte man heute aus seinem freundlichen Gemälde streichen? Die verschnürten Röcke der Studenten, die gepanzerten Reiter, die blanken Schultern der Kurtisanen, die Wagen mit den Mohren und den Jägern und natürlich ihn, Gottfried Keller, den Reisenden mit dem Totenkopf. Aber verwandelt gibt es auch noch die von der Zeit verworfenen Gestalten, nur scheinen sie uns nicht länger malerische Charaktere zu sein, die Studenten kleiden sich existentiell, auf das bloße Sein bezogen und allein die hinter Chronos' Schritten Zurückgebliebenen tragen noch schüchtern die silbergestickte Mütze, der Stahlhelm drückt amerikanische Kreuzfahrer, die Kurtisanen wandeln bürgerlich, die Jäger lächerlich, und der Mohr fährt nicht mehr als Diener, sondern als Herr mit hundert stählernen Pferden.

München liegt auf einer Hochebene, die eine Eislandschaft war und ein Kampffeld der Winde geblieben ist. Das Gebirge wucherte in Gletschern. Die Moränen bauten die Landschaft, warfen Steine umher, stauten Seen oder ließen

An der Isar. Blick auf die Mariannenkirche

das Eis in Sümpfen versickern. Fünf Gewitterstraßen treffen sich über dem Alpenvorland, Südluft und Nordhauch steigen von den Höhen herab, zu den Felsen hinauf und ringen miteinander. Wolken türmen sich zuhauf, brechen auf und lassen Deutschlands blauesten Himmel sehen. Der Föhn bringt die Berge in die Stadt, von den Kirchtürmen sieht man sie nah als Verlockung und Nachtmahr, ein schneegekühltes Welschland, ein mediterran erwärmter Norden zaubert ein reizvolles, ein dekadentes, ein manchmal unerträgliches Licht. Die Isar kommt als Bergkind, als Wildwasser und hat sich München nicht vermählt. Sie fließt als Oberländerin widerwillig unter den Brücken durch, reibt sich an den Wehren, zankt mit den ihre Wut eindämmenden Ummauerungen, sucht den Schutz von Auen und zu ihrem Spiegel sich neigenden Bäumen, die Isar gibt sich niemals urban mit städtischen Uferpromenaden, mit belebten Kais, mit Bücherständen, zivilisatorischen Abenteuern wie in Paris, mit Caféhäusern, Freiluftrestaurants, mit Ruderbooten und Lustdampfern; nur Holzfällerflöße, gebirglich, urständisch, duldet der Fluß, und allein in einigen Nebenarmen, den Mühlbächen, Wäscherwassern nähert er sich intimer den Häusern, unterfließt sie unterirdisch, deutlich unterweltlich, greift in plötzlichen unheimlichen Aufbrüchen wie aus Hinterhalten tückisch nach Kindern und Betrunkenen, lockt Selbstmörder an und junge Burschen, die ihr Mädchen ins abgründige, ins dunkeltreibende Wasser stoßen wollen nach dem kurzen Außersichsein einer Umarmung und vor dem Heimweg ins biergeschwängerte, nestwarme Elternhaus.

München riecht nach Bier. Die weltberühmten Brauereien atmen, der Dampf der Maische brodelt Tag und Nacht aus den Gärhäusern, steigt in die Luft, senkt sich schwer in die Straßen. Es ist ein kerniger, ein nahrhafter Geruch, im allgemeinen die Aura eines hausväterlichen, im besonderen eines dumpf raufhändlerischen Rausches, und erst wenn der Gärgeist sich in Föhnluft klärt, wenn er mit den Glocken aller Kirchen in einen hohen Himmel schwingt, wird er romsüchtig oder romhörig, sucht er die christliche Ewigkeit oder den heidnischen Augenblick in einer frommen Verkleidung. Der Geruch läßt an die prallen Bäuche, die wohlbestellten geschmückten Pferde der Bräuwagen denken, an die Münchner Gemütlichkeit und Derbheit, an die Stadtwälder der Biergärten und die zeltgleichen, Gemeinschaft und Heerlager bildenden Bierkeller, an die Feiern und Opfer des Gambrinus, die starken Fastenbiere, die Maiböcke, den im März für den großen Herbstrausch des Oktoberfestes eingebrauten Trank, an die Maschkerad, den Fasching der Familien, der eingesessenen Bürger und kleinen Leute, nicht zuletzt an die Freuden der täglichen Brotzeit, mit fetter Wurst und einem Liter Bier zwischen der Arbeit menschenrechtlich begangen. Bis vor kurzem noch beruhigte man quengelnde Kinder mit dem Saft aus Hopfen und Malz, und noch heute kann man in der berühmtesten Schwemme der Stadt die ganz und gar bierdurchzogenen, bierumnebelten träumenden Gestalten sehen, die, gut mit den Opiumsüchtigen Asiens vergleichbar, im Mief der Lachen, des verschütteten Schaumes, der ausgespülten Neigen, des sauren Erbrochenen vegetieren.

Wer mit der Eisenbahn ankommt, läßt sich am besten gleich in eine der großen Bierhallen ziehen. Ein Bett aus

Wärme und Lärm und preiswerter Glückseligkeit nimmt ihn auf, die Luft eines bescheidenen, eines rührenden sozialen Ausgleichs, ja gelegentlicher Aufstände mit unvorhergesehenen Folgen wie Königsvertreibungen und Narrenerhebungen, die Gemeinschaft des Maßkruges. Die Gespräche sind nachbarlich raunzig, die Phantasien unverbindlich. Man stimme in eine Kritik gegen Gott und die Welt ein, die Gott und die Welt erhalten läßt, man widerspreche nicht dem Widerspruch um des Widerspruchs willen, man füge sich der Beharrlichkeit im Unsinnigen, und man wird willkommen sein. Man nährt sich gut, ein breiter schwerer Leib macht den gestandenen Mann. Man ißt viel Fleisch, fette Stücke, gesottene Haxen vom Schwein, die Kartoffel bläht man zum riesigen Knödel auf, das Gemüse vermanscht man mit Mehl zu einem glasigen Brei, dafür adoptierte man den Salat wie manchmal den Himmel, die Frömmigkeit, die Dächer und die Fassaden aus Italien. Die Kapelle spielt Märsche, bayerische und andere, bis zum River-Kwai-Takt; zuerst hält man den Klang für martialisch und nationalistisch, bis man erkennt, daß er immer nur bayerisch und wieder unverbindlich ist.

Wer mit dem Automobil zureist, den wird die Stadt dörflich empfangen. Noch in der Peripherie finden sich Wirtshäuser so stämmig und breit, als hätten sie Lawinen zu trotzen, man meint, den Wirt wie aus dem Bilderbuch, den Lederschurz vor dem Bauch, die Zipfelmütze auf dem Kopf, herbeikommen zu sehen, und der Maibaum ist hoch vor die Tür gesetzt als Herausforderung der rauflustigen Jungmannschaft eines Kirchsprengels gegen den Erdkreis. Hinter dem Englischen Garten, einer königlich mäzenati-

Blick auf die Kuppel des Armee-Museums

schen Bukole, erheben sich Türme gotisch und romanisch, ragen Kuppeln barock und klassizistisch, und immer strebt der Mensch skurril zum Überirdischen. Fährt man durch das Siegestor ein, von dem niemand weiß, wen es triumphieren ließ, hat man mit der Ludwigstraße einen in der Kulisse italienischen, aber gänzlich des Volkes entbehrenden, amtsstubennüchternen Festsaal erreicht, der nur einmal im Jahr, zur Fronleichnamsprozession, dem Himmel einen Ball gibt und sonst in der Feldherrnhalle, eine Nachbildung der Loggia dei Lanzi, ein eigentlich griesgrämiges Ende findet. Die Feldherren können, wenn man es recht bedenkt, nur verlorene Schlachten beweinen. Im Gewölbe unter ihnen kann man künstlich entsäuerten Wein aus der gleichfalls verlorenen Pfalz und dumpfen, den Touristen zugedachten Enzian trinken, während auf dem Platz die Tauben das Photographiergeschäft von Venedig besorgen, die Theatinerkirche ihre Sandsteinfassade im Abendlicht übersinnlich darbietet und die nach Kriegsschäden erneuerte Residenz weiterhin ein imaginäres Königtum über die Stadt und die bayerischen Lande verkündet.

Aus der Luft gesehen, bietet sich alles rotdachig, winkelzügig, altfränkisch. Nie scheinen Bomben die Stadt zerstört, nie ein Architekt einen Plan entworfen zu haben, alles ist beim alten geblieben. Der Rathausturm der nachgemachten Gotik stolzer Gründerjahre steht neben dem wuchtigen Schiff der Frauenkirche wie ein fürwitziges, seiner selbst nicht sicheres Zeichen von Bürgersinn und Aufklärung. Der Alte Peter erzählt von Weihnachtskuchen, Kirchweihgänsen und Neujahrstrompeten. Ein paar Hochhäuser verweilen schüchtern am Stadtrand. Die Isar bietet sich dem Höhenblick als Ausläufer der Bergwälder. Die großen Hotels buhlen um die Gunst der reichgebliebenen Aristokratie und der internationalen Filmgesellschaft; die Stadt leiht willig eine beliebte Dekoration für die Geschichte der Klatschspalten.

Ich las den »Grünen Heinrich«, ich sah München wie ein Spitzwegbild, winkelig-anheimelnd, idyllisch-kleinbürgerlich, die Mauern rosenbewachsen, ich war der arme Poet in der Dachkammer, es roch nach Lebkuchen und Kerzen, nach Gänsen und Weihrauch zur Weihnachtszeit, der König fuhr, von Hirschen gezogen, in einem goldenen Schlitten durch den Schnee, ich half Max und Moritz den Steg über den Stadtbach zersägen, ich studierte den »Simplicissimus« und die »Jugend«, und München war Sommerfrischenland und zugleich doch Aufbegehren gegen die preußische Strenge, gegen den Oberlehrer, gegen den Leutnant und gegen Seine Majestät, die Stadt beflügelte die Phantasie, ich feierte mit Stefan George den Kult des schönen Maximin, ich saß mit Ibsen im Café, wanderte mit der Franziska Reventlow durch ihr Wahnmoching, die Elf Scharfrichter richteten auch meine Feinde, Wedekind predigte des Frühlings Erwachen, der Marquis von Keith prellte die alte Gesellschaft, der Blaue Reiter triumphierte in vorher nie gesehenen Farben über Krieg und Tod, Thomas Mann ließ München leuchten, Heinrich Mann wollte die Republik erhellen, Kurt Wolff schickte die schwarzen Hefte des »Jüngsten Tags« in die Lande, der Mensch war gut, Ernst Toller verteidigte die Wandlung und sprach im Zuchthaus mit den Schwalben, die Kammerspiele führten die ersten Versuche von Bert Brecht auf, dunkle, anrüh-

Feldherrnhalle

rende Titel, »Trommeln in der Nacht«, die »Legende vom großen Baal«. Das war das München meiner noch kindlichen Vorstellungen. Die Entscheidungen ereigneten sich damals schon in Berlin.

Als ich als junger Mensch nach München kam, paradierten Gespenster. Gespenster der Vergangenheit und Gespenster der Zukunft. Ich brauchte den Totenkopf nicht mitzubringen; die Totenköpfe gingen um. Ich sah vor den Fassaden der Biergemütlichkeit und der italienischen Sehnsucht Generale in königlich bayerischer und kaiserlich deutscher Uniform, den Spitzhelm oder den Tschakko oder gar den die Schwingen breitenden Adler der Leibkürassiere auf dem ergrauten, dem kahlen, dem enttäuschten Haupt, den Bauch der Ruhestellung in vergilbte Silberschärpen gepreßt. Die Herren sahen nicht forsch, wie sie meinten, sie sahen geschlagen aus, sie hatten den Krieg ihres Lebens verloren, und sie rührten mich, wie alle Verlierer. Aber neben diesen Erstarrten schritten andere, jüngere Gestalten, verbissenen, einsichtslosen Gesichtes. In einer Tracht provozierend betonter Häßlichkeit aus grünen Wickelgamaschen, grauen Windjacken und rauhhaarigen Filzhüten, die an Bergtouren, doch hier nur an Verstiegenheiten denken ließen, ein Edelweiß aus Blei, ein Hakenkreuz aus Blech angesteckt, und in einem Stadtviertel, das die verklärte, die von Professoren gedeutete Antike noch rührend liebte, sich der Ideen der Weisheit, der Freiheit, der Menschlichkeit noch bewußt war und mit Glyptothek und Propyläen und dorischen Säulen ein bayerisch-griechisches Königtum ehrte, war schon das Braune Haus erworben und befestigt, und die neue Fahne der Marschierer wehte keck oder wehte drohend auf Halbmast gesetzt für die Opfer der herbeigeführten Straßenschlägereien, und im Teeraum der gehobenen Prostitution und im italienischen Restaurant der über die Alpen gewehten Giovenezzaklänge sah ich schon das bekannte und noch nicht ernst genommene Plakatgesicht mit dem jüdischen Chaplinbärtchen, den irren Augen, der Gestik des Hypochonders und dem Maul des Stammtischphraseurs sitzen, von den ältesten und angesehensten Familien der Stadt umschmeichelt und finanziert und vom Volk zur Bierkellergaudi und zu den Schlawinern gezählt. Es brannte aber zu dieser Zeit der Glaspalast, seit 1889 das Heim der Münchner Kunstausstellung, und mit ihm verbrannten die schönsten Bilder der deutschen Romantik, verbrannte für lange Zeit die deutsche Kunst und hob sich aus der Asche das deutsche Schwärmen, das deutsche Gemüt, die deutsche Weltverklärung in ein Ungeheuer verwandelt. München wurde die Hauptstadt der Bewegung, und das politisch träge, das national raunzende Bürgertum ernannte Bayern zur Ordnungszelle der Weimarer Republik.

Im Januar 1933 mahlte Erika Manns Pfeffermühle in der Bonbonière am gemütlichen Brunnenplatz neben dem Hofbräuhaus im Herzen der Altstadt das letzte Korn der Liberalität. Die vornehmen, die alteingesessenen, die reichen Familien, die ihn gehätschelt und finanziert hatten, entsetzten sich, daß aus ihrem Bierkeller der Führer und Kanzler erschienen war, und die Ordnungszelle Bayern wehrte sich als einziges deutsches Land eine Weile noch tapfer gegen die triumphierende Bewegung, die dann mit Fahnen und Aufmärschen, mit Schrecken und Zittern, mit

Feldherrnhalle

Festen, Morden, Spielen und Räuschen die Stadt eroberte, ihr das Haus der Kunst schenkte mit der Engstirnigkeit der Kleinmeister, dem Naturalismus der Entblößung und der Pompösität der Geschmacklosigkeit. Wer nicht emigriert, wer nicht eingesperrt war, suchte Anschluß an den Klüngel der Nutznießer einer falschen, einer finsteren Renaissance, der junge Dichter Eugen Gottlob Winkler erschoß sich, das Volk saß noch beim Bier, saß in den Weinstuben, trank in den Stehausschänken, die Arbeitslosigkeit war um einen noch nicht zu erkennenden Preis behoben, man illuminierte die Fenster zu festlichen Umzügen, man raunte sich Witze zu, schielte mißtrauisch zum Nachbarn, das Oktoberfest besuchte der amerikanische Dichter Thomas Wolfe, er bekam einen Steinkrug auf den Kopf gehauen und fand es großartig, Chamberlain, Daladier, Mussolini und Hitler retteten den Frieden, bald brannte die Stadt, im Krieg der menschlichste Ort in Großdeutschland, bald brannte das Braune Haus, das Volk sah es für ein Omen, die Weiße Rose blühte, starb mutig unter dem Beil und blieb ohne Folge, im letzten Moment schritt man zur Fasanenjagd und richtete sich mit dem Amerikaner ein. Der Hunger war nicht ganz so schlimm wie anderswo. Man war mit dem Land verschwägert. Die Almen reichten bis zu den Trümmern. Die Virginia-Zigaretten, für Liebe, Dienste und Altertümer erworben, erreichten die Täler und Höhen und wurden mit Schmalz aufgewogen.

Die Stadt hatte gelitten, aber bald zeigte sie sich blind für die Möglichkeit der Erneuerung, die in der Zerstörung verborgen lag. Die Menschen waren durch ein Fegefeuer gegangen, doch man wußte nicht, ob sie geläutert und gerettet waren. Sie richteten sich ein. Auch die Kirche war verfolgt worden; sie sprach ihre Märtyrer selig, und die nicht Gemarterten nahmen die Zügel der Führung straff in die erfahrene Hand.

Man besann sich auf die Feste, die Kirche auf die im ehrwürdigen Kalender festgelegten religiösen, das Bürgertum auf die bierstädtisch deftigen, die überlebenden Schwabinger auf die Legende von der Kunststadt, den Budenzauber der Ateliers, und alle förderten den Umsatz der Brauereien. Irgend jemand mußte die Zeche bezahlen. Die Kirche hielt sich an den Staat, die Bürger profitierten von der Konjunktur, einer glücklichen Rechnung mit einer schwarzen Unbekannten, die Schwabinger verkauften ihren Nonkonformismus weit unter Wert an die konformistischen Geschäftsleute, und alle, ob sie nun säten oder ernteten, ernährte Gott der Herr. So blühte neues Leben aus den Ruinen! Die Schaufensterauslagen, die runden Wangen, die Wiederherstellung des schon verlorenen Geglaubten, die allzu vielen Automobile. Der Bau neuer Straßen, die Errichtung neuer Plätze scheiterte am heftig vorgetragenen und allen heiligen Wunsch, die alten zu erhalten. Jedes moderne Haus steht am Ende von den Zuständigkeitsinstanzen um Stockwerke geköpft da. Die Theater spielen für Abonnenten, die teils der Bildungspflicht und dem Gesellschaftsanspruch neuabendländisch verklärt genügen, teils unterhalten, aber niemals beunruhigt werden wollen. Brecht ist noch immer ein unheimlicher Revolutionär, und der neue Dichter ist nicht erschienen. Das sogenannte Experiment findet im Werkraumtheater der Kammerspiele nicht vor der Jugend und nicht vor dem Werkvolk statt, das sich mit dem Hausbackenen einer ihre Aufgabe verkennenden Volksbühne begnügt, sondern vor den um des Berufs oder um des Dabeigewesenseins wegen mitredenden Premierengängern, die die Köpfe schütteln, aber gar nicht daran denken, dem Autor den Gefallen eines Theaterskandals zu bereiten. Berlin schlug vielleicht endgültig der Krieg. Viele, die Berlin belebten, kamen nach München. Aber was tun sie in München? Sie sprechen enthusiastisch unverbindlich vom Isar-Athen, jammern über föhnbedingten Kopfschmerz, Herzflattern und Kniezittern und passen sich den Gegebenheiten an, dem Bier, den Festen, den familiären Maskeraden, den bürgerlichen Saturnalien.

Der Bahnhof ist ein Triptychon, der Mitteltrakt ist dem weltläufigen, die beiden Seitenflügel, Starnberger und Holzkirchner Bahnhof, sind den bayerischen Interessen geweiht. Der Ort ist ein Umschlagplatz zwischen Stadt und Land, er war für die Eisenbahnreisenden der Paß nach dem Süden, das Sprungbrett nach Italien, er war für die Berliner, für die Rheinländer, selbst für die Hamburger der Beginn der großen Ferien. Hier grünte schon die Alm, blaute der Gebirgssee, frostete der Gletscher und hob sich unter dem Himmel des Föhns das Lebensgefühl auf Gipfel. Noch immer sind es die Reisegesellschaften, die von diesem Bahnhof nach Berchtesgaden oder zur Adria aufbrechen. Sie treffen sich im Warteraum an den reservierten, fähnchengeschmückten Tischen des findigen Unternehmens, werden in die Obhut der gelangweilten Reiseinspektoren genommen und kauen ihre erste Vertragsmahlzeit, die die kommenden Enttäuschungen ahnen läßt. Zur Zeit des Oktoberfestes ist der Bahnhof eine bayerische Kirmes, die Bierleichen liegen in der Halle, das Lebkuchenherz starr auf der Brust und warten auf ihren Abtransport zu den heimatlichen, zu den gesegneten Höfen. Die Bierausschänke um den Bahnhof herum bemühen sich zu allen Jahreszeiten, den großen Durst zu stillen. Die Hotels, auch wenn sie nach dem Kriege, nach der großen Zerstörung neu erbaut wurden, scheinen der Jahrhundertwende, den Hofräten, den Geheimräten, den Kommerzienräten nachzutrauern. Ein kleiner Wolkenkratzer steht neuerdings fremd und verfemt da. In der nahen Goethestraße trifft sich Amerika mit Deutschland auf der niedrigsten Ebene, das Bier mischt sich mit den patentierten Aufputschgetränken zu einem ungesunden Rausch.

Der Karlsplatz, nach einer alten, wahrscheinlich von Bäumen freundlich umrandeten Bierwirtschaft auch Stachus genannt, bietet das Automobilchaos der Metropole, hat aber dennoch und trotz einigen hohen Gebäuden auch heute noch dörflichen Charakter. Die an die Stelle einer Sehenswürdigkeit mitten im Stadtzentrum gesetzte Bedürfnisanstalt ist ein schönes Denkmal bayerischen Schildbürgertums, und der hektische, dem Zeitsinn entsprechende, die Sekunde erjagen wollende Verkehr fließt durch ein enges altes Tor wie durch ein Mauseloch in die Kaufingerstraße, in der selbst die erleuchtetsten und renoviertesten Geschäfte provinziell bleiben und sich allein die Michaeliskirche, eine Jesuitenschöpfung deutscher Renaissance, mit kühner, kühler, geistvoll überlegener Fassade weltmännisch gibt. Ignatius von Loyola blickt gespaltenen Gefühls auf die gegenüberliegenden Bierhallen: der Don Juan scheint sich zu mokieren, während der Heilige versteht und verzeiht. Am Marienplatz stauen sich zur Mittagszeit die Fremden und starren zum Rathausturm empor, zu einer ihnen wohlgefälligen, nur noch dekorativen und gar nicht mehr herausfordernden Gotik von 1870, zum Festtanz der Schäffler, einem Glockenspiel, einem Marionettenreigen, der amüsiert und den Tod aus der Welt hinauskomplimentiert. Der älteste Bierausschank der Gemeinde lockt zu Weißwurst, zu fettem Geselchten und kühlem Krug. Das Lokal öffnet schon um fünf Uhr früh seine einst alten, nun wiederhergestellten Türen, sammelt die benommenen Zecher der Stadt, die nur für eine Weile ihrer Vernunft beraubten Nachtschwärmer, die von den Feiern kommen, die sich täglich finden, aber seine hohe Zeit ist der Fasching, wenn am Ende aller Bälle die Masken hier die Enttäuschung der Nacht wegspülen, trunken schon, aber noch nicht betäubt genug, hundemüde, aber voll Angst vor der Realität des Schlafes und der eigenen vier Wände. Zu dieser winterlichen Morgenstunde begegnen sie, die Fröhlichen, die Traurigen, die Schminke verwischt, das Kostüm zerknittert und schwankenden Schrittes, anderen Münchner Erscheinungen, den frühen Berggängern, die, ihre Ski geschultert, in der noch nicht geendeten Nacht zum Bahnhof und einem Sonnenaufgang über Schneehänge entgegengehen, und wieder andere wandeln durch Kälte und Dunkelheit zu den Kirchen, zu den Frühmessen, ihr Kerzen- oder Neonschein strahlt durch die bunten Fenster wie flammendes Nordlicht, nicht wärmend, aber erhaben, und der Maskierte, der enttäuschte Jäger einer Chimäre, der in Wahrheit nicht zu erjagenden Lust, der Berg- und Schnee-Berauschte, die Nonne mit der starrgestärkten weißen Flügelhaube des Mittelalters stellen zum Latein des Priesters und des fröstelnden Meßhelfers die alte Frage an die Ewigkeit, die unbeantwortet bleibt. Die Frauenkirche ruht, wie viele Dome, gleich einer Glucke in der Altstadt. In ihrem Schatten bergen sich am wohlsten die gewinnsüchtigen Geschäftsleute.

Der Viktualienmarkt ist wohl der schönste, der anheimelndste und auch der erhebendste Platz in München. Wenn der Himmel blau ist, offenbart der Markt mit den feinen strebenden Konturen seiner Kirchen ringsum und der frühen Mietskaserne des 19. Jahrhunderts über den bunten Marktständen, den Handelsschirmen, den Fleischhallen im Gemäuer von St. Peter das Bayerisch-Römische, die den Bauch nicht vergessende Frömmigkeit, und wenn ein Papst gestorben ist oder ein neuer gewählt wurde und die Glocken aus allen Himmelsrichtungen über Obst, Gemüse und Blumen, Südfrüchte, Geflügel, Wild, entfellten Lämmern, 'gespaltenen Schweinen, Eiern, Käselaibern, Gewürzen und Kräutern läuten, ist der Viktualienmarkt ein Dom voll berauschender Katholizität. Und die dicken, derbbunten Marktfrauen sind auch die wahren Königinnen des Faschings, wenn sie sich zur Fastnacht in heidnisch-christlicher Weise transvestitisch verkleiden.

Das Königliche und die Moderne grenzen den Handel und Wandel und die Enge der Altstadt ein. Das Königliche wurde von einer mehr burgherrlich, kleinfürstlich gesonnenen Bürgerschaft immer mit Mißtrauen betrachtet, und wo es sich allzu prächtig entfalten wollte, rechnete man dem Herrscher respektvoll die Kosten vor. Und die Moderne, die sich selbst finanziert, wird vom rechten Münch-

Viktualienmarkt

ner suspekt empfunden. Er möchte, es solle alles beim alten bleiben, was zerstört wurde, alt wieder aufgebaut werden, er wünscht sich eine ländliche Metropole, eine bayerische Kapitale mit Zuzugsbeschränkung gegen mehr Menschen und neue Ideen, eine Spitzwegkünstlerstadt und viele trauliche Giebeldächer. Was gegen seinen Widerstand aus Stahl und Beton und Glas gebaut wurde, paßt sich gut dem Höfischen an, der Residenz, der Theatinerkirche, der Ludwigstraße, während die Maximilianstraße ein Mailand der Gründerjahre nachahmt. Dies ist die Welt der Zugereisten und der Sieg der Espressomaschine. Die Kunst ist hier die Filmkunst, alles wird zur Dekoration. Die großen Kunstschöpfer sitzen in den Hotelhallen und machen weltweite Luftgeschäfte, sie telefonieren laut mit Hollywood und gehen leise in Geiselgasteig pleite. Die Starlets spielen die Rollen, die für sie auf der Leinwand unerreichbar bleiben, in den Espressos, und mancher Geschäftsmann betätigt sich im Einzelfall mäzenatisch.

Über dem Odeonsplatz reitet König Ludwig I., hier ganz ein Märchenkönig, der für das sonntägliche Huhn im Topf sorgt, und zwei Pagen tragen ihm seinen Wahlspruch voran: Gerecht und Beharrlich. Unter seines stolzen Pferdes Hufen wandeln die Religion, die Poesie, die Kunst, die Industrie in der Weise der Allegorien der ersten Weltausstellung. Die Industrie gibt sich noch bescheiden; inzwischen erblühte ihr Reich, und ihre armen Schwestern gerieten in Abhängigkeit. Die edle Fassade, die spätbarocken Schnörkeltürme, die schöne Kuppel der Theatinerkirche wachsen freudig und fromm aus der Nachbarschaft von Automobilausstellungen, Luftfahrtbüros, den Winden nach

Otto von Wittelsbach-Brunnen (1623)

Tokio und nach Brasilien und den einheimischen Nachahmungen der Wiener und Pariser Mode.

Die Loggia dei Lanzi der Feldherrnhalle hat lange schon ihren Glanz, 1945 ihren Schrecken und damit ihren letzten Sinn verloren. Sie öffnet sich zum Odeonsplatz wie ein törichtes Loch. Hitler hatte vor ihrer Grundmauer eine Wache aufgestellt, die Gefallenen, die sinnlos Geopferten seines Aufstandes von 1923 zu ehren. Ihre Leichen hatte er aus den Gräbern geholt und sie hinter den griechischen Säulen des guten Königs Ludwig, des Hellas-Schwärmers, aufgebahrt. Die Münchner sagten an diesem Tag, als der Trauerzug mit den sterblichen Überresten der aus Fanatismus oder durch bloßen Zufall ermordeten Menschen durch die Stadt ging: etza werns umtopft.

Die Residenz zeigt, neu errichtet, frisch gestrichen, noch heute die natürliche Vornehmheit eines Landkönigtums. Hinter der Wohlproportioniertheit, hinter den geraden Fenstern scheinen sich weniger Festsäle als königliche Rechnungskammern befunden zu haben, die auch den Herrscher kontrollierten. Die Höfe sind weiß und kühl, sie sind bayerisch mit ihren Voralpenkirchtürmen, italienisch mit ihren Brunnen und Grotten, und im liebevoll restaurierten Cuvilliés-Theater vereinen sich das Welsche, das Süddeutsche, das Bergländische zum schönsten Farben- und Muschelspiel, zu Frivolität und Spiritualität des Rokoko. Und in einer dieser Vollendung, diesem Höhepunkt und schon der Auflösung höfischer Sitte geweihten Ausstellung gewann der volksfremde fürstliche Leichtsinn eine späte Volkstümlichkeit. Wer Geld hat, erwirbt auf den Antiquitätenmessen oder ersteigert sich bei den Kunstauk-

König Ludwig I. Odeonsplatz

tionaren eine Rokokokommode oder einen falsche Schäferinnen liebenden Spiegel für das sonst ernst und würdig eingerichtete Heim.

Zum Hofgarten stellt sich mit breiter Front und großer Auffahrt der Herkulessaal. Er wird benützt, so weit die Gesellschaft die geistige Verbrämung liebt. José Ortega y Gasset predigte hier kurz vor seinem Tode tauben Ohren und beifälligen Händen. Die großen Orchesterkonzerte stützen den Glauben an eine verhaltene und fortwirkende Tradition. Die Abende der Musica viva rütteln manchmal mit Schönberg, Strawinsky, Alban Berg, Krenek und Henze an diesem schönen Glauben; doch nicht allzu sehr. Der international elegante, der snobistische, der aristokratische Teil der Wohlhabenheit unterstützt die neuen Töne, indem er sich, ihnen lauschend, zeigt. Was geht ins Ohr hinein, was geht hinaus? Eine Bohème tritt kaum in Erscheinung, kein Olymp trägt zu den Entscheidungen bei. Eine kleinbürgerliche Freiheit ergeht sich an Sommerabenden im Garten, während die großbürgerlichen Automobile zu den mondänen Bergplätzen brausen. Die Arkaden des Hofgartens mit ihren zerstört gewesenen, nun renovierten Fresken lehren, von niemandem beachtet, eine bayerische Geschichte von Schullesebuchbravheit. Geigenklang dringt aus dem alten Unterhaltungscafé in die Nacht, stirbt im Jazz des benachbarten Filmlokals. Die teuersten und gemütlichsten Wohnungen der Stadt, auf Kunst und Modeläden gesetzt, deren Existenz rätselhaft bleibt, strahlen ein mildes Licht über die gestutzten Bäume, unter deren Blättern noch ganz herrschaftlich eingekleidete Dienstmädchen, vom Land geworben, aber schon städtisch emanzipiert, glückliche Hunde zum letzten Gassi führen. An den Wegen der Gartenarchitektur sitzen Paare, wie in den Entwurf eingeplant. Der Pavillon der Mitte schützte die Militärkapelle vor Regenfällen und wird es wieder tun. Der Mond hängt über dem zerstörten Armeemuseum, wohl romantisch, doch mehr noch unheimlich, was aber niemand zu empfinden scheint. Amateurphotographen betrachten die von Scheinwerferlichtern aus der Nacht gehobenen Türme der Theatinerkirche entzückt auf der kleinen Mattscheibe ihrer Apparate.

Das Haus der Kunst, ein Denkmal des Dritten Reiches, wird mit der nichtssagenden Reihe seiner Säulen der Bahnhof von Athen genannt, doch Stazione Termini in Rom ist viel schöner. Das Haus beherbergte lange einen amerikanischen Offiziersklub, und es war wie für diesen Dienst gebaut. Faschingsfeste wirken in seinen Räumen natürlich römisch, wie die Ausschweifungen der Legionen. Bei neuen Kunstausstellungen erdrücken die Wände die Bilder. Was zur Großen Deutschen Kunstausstellung sich zusammenfindet, ist das Ergebnis von Hader und Mutlosigkeit. Die neuen Horizonte sind von 1908 und noch immer ein Wagnis. Wer nicht zu den Revolutionären zählt, möchte Idyllen malen, die es nicht mehr gibt, und Bauernmädchen, die nicht zu finden sind. Die griechische Villa des Akademieprofessors Franz von Stuck träumt von einem neuen Malerfürsten. Vor ihr versucht sich der Friedensengel von 1899 in die Isar zu stürzen. Die Uferstraße ist grün und leer.

Im Englischen Garten begegnen sich Puccini und Lord Byron, die chinesische Pagode einer Gaststätte und die

Herkulessaal der Residenz

Kirche zum Hl. Sylvester in Schwabing

zehn jonischen Säulen des Monopterus. Von seinem Hügel aus betrachtet, sieht München immer noch wie eine Kunststadt aus. Man meint, den Schauspieler Possart vor den Dächern, Türmen und Kuppeln wandeln zu sehen. Man hört ihn deklamieren. Sein Pathos rauscht mit dem Wind in den Bäumen. Der Schauspieler Kortner fährt in einer Pferdedroschke durch den Garten. Niemand spannt ihm den Gaul aus, zieht seinen Wagen. Kortner denkt an Karl Moor und möchte in die böhmischen Wälder fliehen.

Die Schwabinger Kirche des Heiligen Sylvester ist noch immer ein Dorfmittelpunkt. In der Wirtschaft zur Seerose trifft sich, was vom alten Wahnmoching übriggeblieben ist. Mit dem Bier spült man Verbitterung, Demütigung, ach so viel Anpassung hinunter, und schlecht gemimt ist der Stolz, der Blick des freischaffenden Mannes unter der alten Baskenmütze. Man erinnert sich und blickt in das Grab. Die Groschenwirte haben ihre Lokale an fixe Herren verpachtet, die am Abend die Kulisse von Montmartre für Mark und Dollar verkaufen. Man drängt sich in künstlich geschaffener Dunkelheit. Man drängt sich aneinander. Man drängt sich wozu? Junge und alte Bürger kommen in ihren Automobilen gefahren und suchen die Unbürgerlichkeit auf die allerbürgerlichste Weise. Musik zwischen Sentimentalität und Frechheit. Die Luft der Gemeinsamkeit, Alkohol- und Rauchausatmung. Anklammerungen. Man sagt, man sei verrückt. Meint es nicht, ist es nicht, wird es nie sein. Der Ausflug bleibt ein Kneipenvergnügen. Die Bilder an den Wänden geben den Betrachtern den Glauben, moderne Menschen zu sein. Manchmal zitiert oder singt einer Ringelnatz und Brecht. Die Meute freut sich, denkt:

Sie gehören uns. Die Liebe wird konsumiert. Leidenschaft ist selten, Unglücklichsein ein Anachronismus. Am seltensten sucht einer die Liebe, der weiß, daß sie für immer geflohen ist. Man trifft keine Dichter in den Schwabinger Nachtlokalen.

Am ehesten trifft man die Dichter noch auf dem Schwabinger Boulevard, auf der einst pappelbewachsenen Leopoldstraße. Bele Bachem-Stühle in den Sonnenaugenblicken vor den italienischen Cafés. Man genießt die Einsamkeit in der Menge. Hausfrauen und Schulmädchen. Bärtige Maler, die Pinsel und Farbe hassen. Eisessende Jünglinge mit hohlen Lockenköpfen. Die kleinen und großen und immer grellen Automobile einer bundesdeutschen Jeunesse dorée, die in München studiert, die alten Fremdenpensionen bereichert und mit hohem Wechsel die Jahre ihrer Liederlichkeit verbringt, bevor sie sich den Geschäften und den Familieninteressen zuwendet.

Die anderen Studenten sitzen am Brunnen vor der Universität, dessen Wasser noch in einer Schönheit von Schale zu Schale fließt, wie von Conrad Ferdinand Meyer. Der Hintergrund mit den Rundbögen des alten Universitätsgebäudes wirkt klösterlich. Der Schein trügt nicht. Sutanen kommen und gehen und tragen die gelehrtesten Gesichter. Mit Gleichmut begegnen sie mancher hosenprallen Maskulinität, den weltbegehrenden geschminkten Lippen vieler Kommilitoninnen. Einst verkündigte Wölfflin in diesem Hause unter einem Atelierdach, dessen Glas im Sommer wie ein Brennspiegel wirkte, die Schönheit. Heute wird, wie allerwärts, in kühlen, überfüllten Hörsälen die Nützlichkeit beigebracht. In den schicksalvollen Jahren der

Der Monopterus im Englischen Garten

irre gegangenen deutschen Erhebung war auch die hohe Schule von München eine Brutstätte des borniertesten Nationalismus, gemeinen Antisemitismus und des Hakenkreuzwahns; sie reinigte sich durch den Opfergang der Geschwister Scholl und ihrer Freunde und ist heute von toleranter Gesinnung, wenn man die Abstinenz von der Politik so nennen will. Von der Freitreppe der Kunstakademie, in deren leeren Hallen keine Lehre wohnt, reiten Castor und Pollux auf die nahrhaften Weiden des Kunstgewerbes und der Gebrauchsgraphik. Hinter der Universität, in der Amalienstraße und der Türkenstraße, hält sich noch eine Weile eine sympathische Alte Burschenherrlichkeit, kleine, nicht vom Amüsement entdeckte Kneipen, Buchhandlungen, die jungen Menschen Kredit gewähren, weltfremde Antiquare und die aussterbende Art der möblierten Wirtinnen. Überragt wird das Häusergewirr akademischer und gewöhnlicher Bürgerlichkeit von der Aluminiumfront eines Fernheizwerkes, das schüchtern einen Wolkenkratzer mimt, im Abendlicht sogar glaubhaft und mich erfreuend und für alle anderen ein Stein des Anstoßes.

Der Fasching ist der eine Höhepunkt des Münchner Jahres. In den Bierkellern erfüllt er unterdrückte Wünsche. Man ist ein Ritter, ein Seeräuber, ein Cowboy, ein freier Wilder, man schwebt als Seiltänzerin über der Realität des zu füllenden Kochtopfs. In den Festsälen der feinen Leute stärkt man die Kassen der Veranstalter, man versucht gar nicht erst, ein Anderer zu sein, der geliebten eigenen Würde zu entfliehen, die Mädchen und die Frauen zeigen sich als Eva berechnend und hoffnungsvoll, und die Nacktheit und alle mögliche Erfüllung unterdrücken am

Ende jeden Wunsch. Man fragt sich betrübt, ob es noch die Ausschweifung gibt. Die Fastenprediger malen sie an die Kirchenwand, aber sie ist gestorben. Der Faschings-Dienstag bringt das Maskenfest der Straßen und die Ausschreitung. Sie dokumentiert sich in umgestürzten Autos, Knallfröschen, zerrissenen Kleidern, Schädelbrüchen und Alkoholvergiftungen. Ehrsame Familien prügeln sich und werfen ihre Möbel zum Fenster hinaus. Glücklicherweise findet niemand etwas dabei und wird nichts nachgetragen.

Der zweite Höhepunkt ist das Oktoberfest. Die Bavaria steht auf der Theresienhöhe stolz vor einer leeren Ruhmeshalle. Mit dem Lorbeerkranz in der Linken ist sie seit Jahren bereit, irgend jemand zu krönen. Den bayerischen Löwen hält sie mühsam am Halfter fest, als wolle sie ihn hindern, sich in den Trubel des Festes zu ihren Füßen zu verlaufen. In den riesigen, von einer bald undurchsichtigen Luft erfüllten Bierzelten sitzt ganz Bayern und alle Ernte des Jahres. Die Ämter, die Kontore geben ihren Angestellten freie Tage. In den Luftschaukeln, auf den schwankenden Böden der Karussells amüsiert sich Europa und Amerika. Die Hotelbetten haben schwere Tage. Wer zählt die Autobusse, die hier zusammentrafen, die Flugzeuge, die angeflogen kamen? Hühner und Fische und Puter und Ochsen ließen ihr Leben, braten am Spieß, Hörner und Pauken schmettern, die geschmückten Bräupferde zeigen sich ländlich königlich, und im Sanitätszelt liegen die Opfer des Festtrankes und des zur Waffe gewordenen Maßkruges.

Im Hofbräuhaus feiert man das Oktoberfest in Permanenz. Menschen und Luft sind wie ein Teig. Die Verbrüde-

Löwen am Siegestor

rung steigt auf die Tische. Der Rausch ist schwer, er trägt des Daseins Not und läßt dem Morgen keine Erinnerung.

Der Arbeiter hat oft noch das Gesicht des Bergbauern. Das Brot schneidet er bedächtig mit dem Messer. Seine Frau stellt sich vor der Freibank nach Fleisch an und am Samstagnachmittag vor den Beichtstuhl. Die Kinder nennen die Mutter in der Todesanzeige streng hierarchisch des Hilfsstraßenbahnschienenreinigers Witwe.

Der Föhn wehte den Himmel blau. Die Kastanien blühen. Die Tauben schwirren zur Nacht zu den Gesimsen auf. Die Glocken der Kirchen läuten zur Mai-Andacht. Die Ladenmädchen gehen über den Stachus geschmückt, gelockt wie barocke Putten. Die Priester zeigen sich weniger dünn als bei Gottfried Keller. Die Biergärten sind voll Familiensinn. Muß man München nicht lieben?

Die Nachtluft wehte kalt in den Raum. Sie kam vom Siegestor und hatte in der überbreiten Leopoldstraße einen langen Anlauf genommen. In ihrer Frische konnte Schnee liegen. Man schrieb November.

Ivan überlegte, ob er sich einen weißen Morgen wünschen sollte. Eigentlich fror er, von einer Decke und seinem Mantel bis zur Nasenspitze zugedeckt, auf der harten Couch und verfluchte das offene Fenster und den Ammersee, der geschworen hatte, in abgeschlossener Luft zu ersticken. Freilich lag er im Bett und hinter einer schützenden Wand, einer Wand, hinter der auch Sybille schlief.

Ein Ausflug war für den Morgen verabredet worden, und um seinen frühen Beginn nicht durch einen Treffpunkt, den jeder verspätet erreichen würde, zu verzögern, verbrachten sie die Nacht gemeinsam in einem Raum.

Ihre Begeisterung war groß. In der eingeräucherten Stube von Knecht hatten sie Wein getrunken, um den ein Streit entbrannt war. Rhein oder Franken waren zu wählen. Die stolzen Dome von Worms, von Mainz und von Speyer warfen die Majestät ihres Schattens und ihrer erlauchten Namen auf die Reben ihrer Landschaft. Die Bocksbeutel aber schwangen wie volle Glockenklänge um die barocken grünspanenen Kuppeln der Kirchen von Würzburg. Schließlich hatten die Weinkenner sich, erhitzt und durstig geworden, in die Neutralität eines billigen, doch guten Pfälzers gerettet. Und als dann Stille herrschte, die Reden beinahe schon vergessen waren, rief Sybille auf

einmal: Fürstenfeldbruck! Ein schönes Wort: Fürsten –
Feld – und das dunkel nachhallende Bruck! Aber – wieso?
Und Sybille mußte erklären, daß sie an eine weiße Kirche
denke von oberbayrisch barockem Stil, der die Feldsteine
weißte, weil er in Marmor dachte, und daß sie die Kirche
von Fürstenfeldbruck zu sehen wünsche, denn in Fürstenfeldbruck sei sie geboren. Das war den Fremden neu, in
ihrem Paß stand München, der Ammersee und Ivan glaubten an Schwabing, aber die Wege des Mädchens waren von
je ein Labyrinth.

Der Sommer war schön, der Himmel azurblau, bayerisch, wie die Leute sagten, hin und wieder ein Gewitter.

Clemens konnte sich nur an einen einzigen ähnlichen Sommer erinnern. Es war der Sommer seines ersten Schuljahres. Sehr heiß, wo die Winter so kalt waren, in Ostpreußen, Masuren. Clemens hatte das Schulschwänzen entdeckt. Er lag während der Unterrichtsstunden am Stadtrand hinter der alten Ziegelei. Aus Lehm gepreßte Bausteine trockneten in langen, überdachten Regalen. Clemens fürchtete nicht das Alphabet. Er liebte die Fibel mit den freundlichen Bildern. Er las sein erstes Lesebuch in der Sonne oder im Schatten der Ziegelei. Er haßte den Zwang. Einmal ließ er Bücher und Hefte im roten Staub der Ziegelei liegen. Arbeiter fanden sie und brachten alles zu ihm nach Hause. Der Schwindel seines Schulwegs flog auf, der mit dem sechsten Lebensjahr über ihn gekommen war. Er dachte, die wollen mich fangen.

Clemens ging jeden Tag in das Ungererbad. Von Sonnenauf- bis Sonnenuntergang. Manchmal blieb er zur Nacht. Der Zaun war niedergerissen. Überall Einlaß, keine Kasse, keine Kontrolle. In einigen Becken war Wasser, in anderen zerrissener Stahlbeton in mächtigen, scharfkantigen Stücken. Bombensplitter, Stabbrandbomben in den Rasen getaucht. Das Gras stand hoch, wucherte, ungemäht.

Clemens machte sich nichts aus Bädern. Es war Zufall, daß er hier lag. Zufall, daß er lebte. Davongekommen, entronnen. Ein ungeheueres, unfaßliches Glück. Er wollte nie wieder und von nichts gefangen werden.

Clemens blieb nicht allein. Der offene Badepark, inmitten der Ruinen einer zerbombten Stadt, bot sich vielen an, die kein Zuhause, keine Familie, keinen Besitz, keine Stellung, keine Zuflucht hatten. Es lagen im hohen Gras, allmählich von der Sonne gedörrt, Offiziere und Soldaten geschlagener Heere, dekorierte Helden der Eroberungszüge, Deserteure, die dieser Ruhm nicht verführt hatte, Verfolgte, Verschleppte, Vertriebene, Staatsanwälte, Richter, Henker, Feldjäger, und ihre geflohenen Opfer. Sie taten einander nichts mehr. Sie waren erschöpft, die Gemüter friedlich. Sie mißtrauten gemeinsam den neuen Behörden, gingen den Ämtern aus dem Wege, genossen den Tag, handelten Kleinkram untereinander und mit den Einheimischen, mußten ja essen, wollten rauchen, dies vor allem, schichteten Holz zu Feuerstellen, kochten sich eine Suppe, oft das Gras. Zur Nacht glühten Feuer im Ungererbad. Frauen und Mädchen kamen, die hofften, es sei Friede.

In den Hundstagen kamen die GI, die Landser in Khakihemden. Für sie war das Bad »Off limits«. Die Generale fürchteten Verbrüderung und Seuchen. Vielleicht für sie dasselbe. Doch die Verbotsschilder waren von den Bäumen gerissen, und die Burschen spähten nach den Frauen. Aktivitäten breiteten sich aus. Der Friede des Sommers war gestört. Die Amerikaner, mit einem Kran, räumten Schutt aus den Wannen und ließen Wasser in das große Schwimmbecken. Dort standen sie dann, alte Feinde, neue Paare, beide Geschlechter dichtgedrängt wie auf den Stichen aus dem Mittelalter, die das Treiben in den Badehäusern zeigen. Die schwarzen Soldaten blieben am Beckenrand. Sie trauten sich nicht hinein. Ihr Krieg war noch nicht gewonnen. Sie hockten um ein Grammophon. Die unglückliche Betty Smith, ihre Schwester, unsere Schwester sang ein schönes trauriges Lied. Clemens erreichte die Botschaft. Aber wie so oft wußte er, daß sie untergehen würde. Es war viel Lärm im Bad. In der Welt.

Clemens mußte sich nach etwas umsehen. Es gab da eine Dienststelle der Besatzungsmacht, die sich für Kunst und Künstler, für Publizisten und Professoren interessierte. Clemens ging hin und wollte nicht gehen. Ein Sergeant reichte ihm den Fragebogen. Clemens sagte, er habe nichts hineinzuschreiben, er sei nicht in der Partei, sei in keiner Organisation gewesen. Der Sergeant fragte, warum nicht? Clemens sagte, ich mochte die Leute nicht. Was er im Krieg gemacht habe, wollte der Soldat wissen. Überlebt! Das befriedigte den Amerikaner nicht. Clemens fügte hinzu, es war anstrengend. Der Sergeant blickte feindlich. Clemens sagte, es war gefährlich. Keine Verbrüderung.

Ob es die späte, doch, wie sich bald zeigte, nicht zu späte Erfüllung eines galanten Versprechens, oder ob es der Ärger über eine Bemerkung war, die eine Mahnung sein konnte, soll nicht untersucht werden – jedenfalls stellte der alte Geheimrat Trostburg seiner geliebten Gattin am Morgen ihres siebzigsten Geburtstages ein junges Pferd als Geschenk vor die Haustür in der Maximilianstraße.

Trostburgs hatten die Anschaffung eines Automobils erwogen. Der Geheimrat wünschte an den technischen Errungenschaften der für ihn bald abgelaufenen Zeit teilzunehmen. Aber die Werbeschriften der Autohändler, das Problem der Pferdestärken und die Notwendigkeit, einen Chauffeur anzustellen, ermüdeten das alte Ehepaar, und schließlich meinte die Frau Geheimrat so unwillig wie beiläufig: Vor unserer Hochzeit hattest du mir ein Pferd versprochen!

Nun stand das Pferd vor dem Haus, ein junger Fuchs mit weichem Fell und munteren blanken Augen. Das Tier prüfte mit rosigen Nüstern den Geruch seiner neuen Herrin – Lavendel, Staub in den Rüschen des Kleides und brüchiger Samt. Der sanfte Druck der bleichen Hand der alten Dame war dem Pferd nicht unangenehm; vielleicht empfand es die Hand als mütterlich und beschützend. Die Geheimrätin und ihr Pferd waren in der geschäftigen, vom Hupen der Automobile und dem Geläute der Tram erfüllten Straße ein Anblick von so prächtiger, wenn auch versunkener Eleganz (ach, die bunten englischen Stiche, die

Queen umarmt den Derbysieger!), daß dem Geheimrat das Herz vor Stolz und Liebe bebte und er freudig den Befehl gab, die Garage im Hof zu einem Stall von komfortabler Wohnlichkeit umzubauen.

Das Pferd wurde »Hans« genannt; denn »Hans« hießen die Reittiere der Herren Offiziere, die einmal in ihren bunten, stolzen Uniformen mit der Frau Geheimrat auf den Hofbällen getanzt hatten. Hans aber wollte nicht nur wohnen, nicht nur fressen und geliebkost werden – er verlangte stürmisch hinaus ins Freie. Weder Herr noch Frau Trostburg fühlten sich rüstig genug, noch in den Sattel zu steigen und hoch zu Roß die Morgenluft im Englischen Garten zu genießen. Auch ein Kutschieren kam nicht in Frage. Hans, der Muntere, wäre, vor einen leichten Wagen gespannt, auf dem Lande eine Freude, in der Stadt aber, von greisen Händen durch den von Schutzleuten und Ampeln geregelten Verkehr gelenkt, eine öffentliche Gefahr gewesen. Bewegt aber mußte das Tier werden, und es zum Reiten zu verleihen oder es von einem Beauftragten reiten zu lassen, dagegen sträubten sich alle guten Gefühle der alten Herrschaften. Der Reiter hätte dem Pferd ja wehtun können.

Es wurde eine Wiese gemietet, ein Grundstück draußen vor der Stadt am Ufer der Isar, und jeden Morgen führte der Geheimrat, von seiner Gattin und ihren aufmunternden Zurufen begleitet, Hans am langen Zügel hinaus auf die Wiese, wo er grasen und springen konnte, wie es ihm gefiel, und am Abend ging es lustig heimwärts.

Die tägliche Prozession erregte die Aufmerksamkeit der Straße. Das Gerücht, Trostburgs hätten sich zur Bequemlichkeit ihrer alten Tage ein Auto gewünscht und wären dann auf oder, besser, neben ein Pferd gekommen, verbreitete sich und wurde als beachtliche Altersnarrheit belacht. Ein dummer Irrtum der niemals tief denkenden Allgemeinheit! Ein Automobil, und wäre es noch so schön gewesen, hätte der Familie Trostburg nie die Freuden gewährt, die das Pferd Hans ihr täglich schenkte.

Verordnen nicht die Ärzte dem Alter Bewegung in frischer Luft? Sagen die Hygieniker nicht, daß Fußmärsche gesünder seien als Wagenfahrten? Und wahrlich, ohne Hans wäre es Trostburgs nie eingefallen, ein Hirtenleben zu führen und ihre alten Tage im Freien und im Wettlauf mit einem ausgeruhten Pferd zu verbringen. Die Nachbarn hatten dumm lachen! Sie hockten blaß in ihren Häusern und in ihren Limousinen. Trostburgs waren sonnengebräunt und sprunggewandt. Sie hatten sich verjüngt.

Überdies hatte das Pferd die geheimrätliche Familie in erfreuliche Beziehungen zur jüngsten Generation gebracht. Der alte Herr und die alte Dame wurden von Kreisen akzeptiert, die sich ihnen sonst exklusiv verschlossen hätten. Eine Schar von Kindern bewunderte Hans und fand sich täglich auf seiner Wiese ein und bildete den »Klub um den roten Mustang«, einen Patronatsverein für das hippomanische Unternehmen der ehrwürdigen Herrschaften, der sich in mancher Weise als nützlich erwies – zumal ja das Alter immer von der Jugend lernen kann. Aus Dank für Betreuung und mancherlei Dienste durften einige Auserwählte aus den Kreisen des Klubvorstandes gelegentlich den Rücken des Pferdes besteigen, das sich diese Anmaßung in einem grade noch friedlichen Trab gefallen ließ.

Das Ende der viel herumerzählten Geschichte war ernst

und würdig. Die alten Herrschaften starben betagt und friedlich kurz hintereinander, nachdem ein Notar ihren letzten Willen aufgenommen hatte: Geleit des Pferdes hinter den Särgen und seine Versorgung mit Stall und Hafer bis zu seinem Tode. So geschah es, daß auf dem Wege zum Waldfriedhof Spaziergänger zwischen anderen schlichten Trauerzügen einen Kondukt sahen, der durch den stetigen Hufschlag eines Pferdes, das seinen schlanken Hals wie trauernd gesenkt hielt, seine besondere Weihe bekam und in allen Vorübergehenden erhebende Gedanken von Sieg und Reiterkämpfen, von Ritterlichkeit, Vornehmheit und vom Glück dieser Erde auf dem Rücken der Pferde weckte.

Auf der Auer Dult bei der wiedererbauten Mariahilfkirche: das Hippodrom für Kinder. Die mittelgroßen Pferde. Einige tragen einen Beißkorb. Die anderen betteln um Brot. Mißmutig betteln und mißmutig trotten sie. Der junge Mann, der mit unbeweglich mißmutigem Gesicht das Leitpferd führt. Er trottet langsam. Er hebt die Kinder in den Sattel. Irgendwie ein Mördergesicht. Trägt auch er den Beißkorb?

Der Frühling war nicht barmherzig. Die Sonne wärmte nicht; nur am Mittag fiel sie wie ein auf die Bühne gerichteter Scheinwerfer in unsere Fenster und enthüllte den Winterschmutz der Scheiben, Risse und Farben von gestern im grauen Anstrich der Wände, die müden Dirnen glichen, schäbig und mit Tränenbächen im gepuderten Gesicht, und das Brandloch im Teppich war wie von heute, als ob der Brand weiter schwelte, fünf Jahre, unsichtbar und nie zu löschen.

Es war Sonntag. Durch die Tür flüsterte das Radio des Schauspielers. Der Schauspieler hörte seiner Stimme zu. »Liebe Kinder«, sagte die Stimme des Schauspielers, »nun müßt ihr hübsch artig sein, damit ihr mir in den Palast der schönen Prinzessin folgen könnt.« Der Schauspieler saß allein in seinem Zimmer und aß einen Bückling und plötzlich ekelte ihn vor dem Fisch. Zwei Flaschen lagen ausgetrunken am Boden. Der Schauspieler war spät nach Hause gekommen. Er hatte sich mit seiner Freundin verzankt. Er hatte getrunken und die leeren Flaschen auf den Boden geworfen.

»Ich habe eine Bitte an dich«, sagte Susanne.

»Ich will Briefe schreiben«, sagte ich. Das war eine Lüge. Ich hatte keine Briefe zu schreiben. Ich wollte Susanne meine Zeit nicht opfern.

»Ich habe eine Bitte an dich«, wiederholte Susanne.

Ich kannte ihren Eigensinn. Sie wiederholte ihre Bitte, bis sie bekam, was sie wollte.

»Gehen wir ins Kino?« fragte sie.

Ich sagte: »Leg dich aufs Dach in die Sonne.«

Sie sagte: »Bei Licht sitze ich lieber im Dunkel.«

Sie wollte im Dunkel eine Welt im Licht sehen, ein Land ohne Armut und Tod, und ich fragte sie, ob das nicht ohne den idiotischen Weg ins Kino zu machen wäre.

Sie dachte nach und sagte: »Nein.«

Schön; ich mußte mich anziehen.

Ich rasierte mich. Die Spiegeltür im Schrank quietschte. Immer wenn die Tür quietschte, mußte ich an Benzin denken. Ich hätte gern Benzin genommen und alles, was im Schrank hing, angezündet. Da war mein Anzug – er glänzte in seiner Abgetragenheit. Da war das Hemd, und es war am Kragen und an den Manschetten durchgerieben. Der Schlips hatte fadenscheinige Stellen. Die Schuhe waren brüchig und ihre Absätze schief getreten. Am Sonntagnachmittag würde man alles besonders deutlich sehen; man würde sehen, wie abgetragen, wie alt, wie brüchig das alles war.

»Ich bin fertig«, sagte ich, »willst du dich nicht doch lieber in die Sonne legen?«

Sie saß nackt auf dem Bettrand und knabberte an einem Stück Pumpernickel. Krumen fielen ihr auf den Leib, und es sah aus, als sei ihr Leib mit schwarzer Erde beworfen. Sie sagte: »Du siehst doch, ich muß mich erst anziehen. Wir könnten in die zweite Vorstellung gehen.«

»Gut«, sagte ich. »Ich gehe und besorge die Karten. Wir treffen uns um vier vor dem Kino.«

»Schön«, sagte sie, »um vier vor dem Kino.«

Ich fuhr mit der Straßenbahn zum Kino und besorgte

Plätze für die zweite Vorstellung. Die erste Vorstellung hatte gerade begonnen. Ich hatte zwei Stunden Zeit.

In der Straße gab es eine Menge Läden, aber es waren, wenn man genau hinsah, keine Häuser da. Die Läden waren nach der Art von Kulissen vor die Ruinen der Häuser gestellt, die früher da gestanden hatten, und die Straße ähnelte einer Ladenstraße in einem Filmatelier. Vor der Kulisse, die einem Buchhändler gehörte, verweilte ich. Der Buchhändler hatte schöne Bücher in seinem Schaufenster, und es waren Bücher dabei, die ich sehr gut kannte. Ich konnte mir die Bücher nicht kaufen, aber ich hatte einige davon besessen. Ich weiß, es ist dumm, vom Verlorenen zu sprechen. Niemand will es hören. Ich hatte einmal in einer Gesellschaft von den Büchern erzählt, die ich besessen hatte, und ein dicker Mann, der mit Fett und französischen Impressionisten handelte und auf dessen Wohlwollen ich damals angewiesen war, hatte »Mensch, nun machen Sie aber einen Punkt« gerufen, »jedermann ist eine Riesenbibliothek verbrannt!« Alle lachten. Vielleicht lachten sie, um dem Dicken zu gefallen. Vielleicht lachten sie auch, weil sie mich für einen Schwindler hielten. Das war nicht weiter wichtig, denn es waren nur Schwindler in der Gesellschaft. Dennoch schämte ich mich. Ich schämte mich, weil ich von meinen Büchern gesprochen hatte und weil ich unter Schwindlern leben muß.

Neben den Buchhändler hatte ein anderer seine Kulisse aufgestellt, ein Herrenausstatter, wie er sich nannte. Ich konnte vieles aus seinem Fenster brauchen, und ich wählte Schuhe mit Sohlen aus wulstigem Krepp, ein seidenes Hemd, einen schwarzen Hut und einen dunkelgrauen Flanell für den Anzug. Der Flanell sei englischer Flanell, sagte ein kleines Schild auf dem Stoffballen, und ich sah dickfellige schottische Schafe im Hochland weiden, ich sah in Yorkshire die Wolle durch die Webstühle laufen und ich sah den vorausschauenden deutschen Kaufmann das Tuch im Krieg und Nachkrieg vor tausend Kontrollen listig verstecken und bewahren. So ausgestattet vom klugen Herrenausstatter, schritt ich leichter weiter. Ein neues Selbstbewußtsein durchströmte mich von den federnden Kreppsohlen bis zum Hut Marke Eden und beeinflußte günstig den Kreislauf.

Die Dekoration der Luftfahrtgesellschaft sprach: »Komm und fliege mit uns nach New York.« Ich war bereit, zu kommen und zu fliegen, aber das Büro war geschlossen, es war ja Sonntag, und da überfielen mich auch schon die Zweifel, die mißgelenkten Erinnyen, ob ich die Zone verlassen durfte, die Gott mir zugewiesen hatte oder die machtvoll nachwirkende Vorsehung des verhängnisvollen Volksredners. Auf einem Plakat lag eine hübsche Dame in einem bequemen Bett, und eine Stewardess, die vielleicht noch hübscher war als die hübsche Dame, reichte ihr nach ehrwürdiger englischer Sitte den Frühtee, und der Plakatmaler hatte nicht vergessen, ein paar tausend Meter unter dem Bett, in dem die Dame aus süßem Schlummer erwacht war, von Zephyros' Hauch und vier Motoren sicher getragen, den Ozean hinzumalen, das weite Meer mit seinen Wogen und aller Erinnerung an Schiffbrüche, so daß man den Fortschritt und den Komfort ermessen konnte, der in den Diensten der Luftfahrtgesellschaft erreicht war, zwanzig Jahre nach Lindberghs einsamen Flug. »Die Welt ist ein

Ball in deiner Hand«, sagte das Plakat, »in zwölf Stunden bist du in New York.« Ich hatte nichts gegen den Ball in meiner Hand; ich hatte Angst, keinen Paß zu bekommen. Nicht einmal den kleinen Kinderflug nach Venedig dürfte ich ohne Paß antreten, den Glockenschlag des Campanile würde ich nicht hören, und ich konnte doch nichts dafür, daß hier und anderswo alles kaputt war. Das Plakat wurde ernst. Es wandte sich wie mein alter Lehrer in der Elementarschule an mich. »Das Retourbillet ist billiger«, sagte der alte Lehrer und rechnete mir auf Dollar und Cent meinen Vorteil vor. Er überzeugte mich und ich wollte mir den Gewinn nicht entgehen lassen. Ich hätte der Luftfahrtgesellschaft sogar versprochen (wenn dies Bedingung gewesen wäre), mich nur einen einzigen Tag in New York aufzuhalten und nach Mitternacht wieder zurück zu fliegen, bequem und schlummernd, nachdem ich das neue Rom gesehen hatte. Ich hätte gelobt, niemand aufzusuchen, niemand anzurufen oder anzubetteln in New York und keinerlei Unsinn anzustellen mit ernsten Geschäftsleuten. Ich würde allein den langen Broadway hinuntergehen, ein stiller und artiger Gast, und nur am Abend würde ich gern einen Whisky trinken, wenn dies erlaubt sein sollte, meine Herren Luftdirektoren und Gouverneure, einen Whisky auf dem hohen Hocker eines Drugstores vor der Theke aus blanken Metallen und sprudelnden Sodafontänen, diesem Ausschank des Lebens, wie ihn uns Hollywood zeigt.

An der Straßenecke erweiterte sich die Kulissengasse zu einem Platz, und es wartete auf mich die Erinnerung an Paris. Ein Mann hatte zwei kleine Marmortische und ein paar Stühle in die Sonne gestellt, und ich konnte mir einbilden, im Café du Dome zu sitzen. Bald würde ein Freund kommen, und er würde sagen: »Trinken wir noch einen.« Und wir würden einen Pernod nehmen und der Pernod würde scheußlich nach Lakritzen schmecken und uns herrlich in Stimmung bringen. Ein Neger ging mit seinem Mädchen an den Tischen vorüber. Es war ein nettes Mädchen und es war ein netter Neger, und sie gingen Hand in Hand, und ein ernster Mann und eine ernste Frau sahen ihnen nach und dann blickten sie einander an und ihre ernsten Gesichter bekamen einen neidischen und mißgünstigen Ausdruck, und ich dachte, der Teufel hole alle ernsten und mißgünstigen Leute, und ich stand auf und ging. Es war nichts mit Paris in dieser Stadt.

Ich ging über den Platz und ging vorbei an dem Denkmal eines Gesetzgebers unseres Landes, und der Gesetzgeber hatte keinen Kopf. Den Kopf hatte ihm eine Granate abgerissen, aber auf dem Sockel seines Denkmals stand, daß das Volk ihn nie vergessen würde. Ich kam dann zu einer Stelle, wo die Steine aus dem Schutt eines Hauses rechtwinkelig aufeinander geschichtet waren und in dieser strengen Ordnung besonders trostlos wirkten. Als die Steine noch ein Haus waren, hatte man dort auch noch im Kriege gut essen können, fast bis zum Schluß. Es war nur ein Kunststück gewesen, hinein zu kommen, und die vielen Uniformen und die zum Gruß erhobenen Arme hatten einen nicht erschrecken dürfen. Ich hatte hier an einem Abend mit Henriette gegessen. Henriette lächelte damals noch wie im tiefsten Frieden. Sie war eine der elegantesten Frauen der Stadt und mit einem Mann verheiratet, der eine große Karriere gemacht hatte. Meine Freunde nannten Henriette die

Lady Milford; vielleicht, weil sie lächelte und doch mit einem so einflußreichen so furchterregenden Mann verheiratet war.

Nach dem Essen gingen wir auf die Straße, und es heulte gerade die Sirene. Ich wußte in der Nähe eine kleine Kneipe, wo wir den Alarm abwarten konnten. Wir gingen ein paar Schritte, und es gab da eine Straße, die Glückstraße hieß; heute ist die Straße ein Trümmerberg, aber damals stand sie noch und auch die kleine Bar war noch da. Das Lokal war leer. Es war nur ein junger Soldat in seiner abgetragenen Uniform da und das Mädchen hinter der Theke. Wir tranken was, und auch das Mädchen und der Soldat tranken. Manchmal schoß die Flak, und zuweilen hörte man Einschläge, aber die Bomben fielen nicht in unserer Gegend. So war es für uns ein friedlicher Alarm, aber gleich nach der Entwarnung kam eine Militärstreife in das Lokal. Der Soldat hatte die Streife gesehen, bevor sie ihn bemerkte, und er stellte sich hinter einen Vorhang, der bei der Bar die Bierfässer verdeckte. Der Offizier der Streife trat auf mich zu und fragte: »Soldat?« Ich sagte: »Nein.« Er schaute sich um und erkundigte sich, ob hier noch jemand sei. Da drehte sich Henriette auf ihrem Barstuhl um und lächelte ihr tiefes Friedenslächeln. »Wollen Sie nicht etwas mit uns trinken?« fragte sie den Offizier. Der Offizier knallte seine Absätze zusammen und legte die Hand an den Helm. »Bedauere, Gnädigste, haben Dienst –!« Er erinnerte mich an einen Automaten, in den man einen Groschen geworfen hatte. Er war aber kein vollkommener Apparat. Er rasselte. Vielleicht hatte man vergessen, ihn zu ölen.

Auf der Straße überholten uns die Wagen der Feuer-
wehr. Mit ihren spukhaften blauen Lampen rollten sie wie
Geisterzüge durch die große Verdunkelung. Im südlichen
Stadtteil brannte es. Der Himmel rötete sich dort. »Wissen
Sie, daß ich Jüdin bin?« fragte mich Henriette. Ich dachte
an den Mann mit der großen Karriere, der mir immer wie
ein unheimlicher Schatten hinter Henriette erschienen war,
und ich fragte sie: »Weiß er es?« Sie nickte. »Wir sind nicht
verheiratet, wir leben nur zusammen, solange sie glauben,
daß wir verheiratet sind, fragen sie mich nichts.« Sie war
ihrer Rolle so sicher. Ich glaubte, im Schein des fernen Feu-
ers ihr tiefes Friedenslächeln zu sehen. Aber am zwanzig-
sten Juli trat auch in diesem Spiel der Tod auf.

Es war Zeit, zum Kino zu gehen. Die Sonne war hinter
Wolken verschwunden und bald würde es regnen. Vor
dem Kino warteten schon viele. Susanne löste sich aus der
Menge und kam mir entgegen. Sie sagte: »Da bist du ja
endlich! Freust du dich auf den Film?«

Ich sagte: »Ja natürlich, ich freue mich sehr auf den
Film.«

18. Februar 1965.

Verkehrsampel, Stockung, zu enge Straße, Asphalt und Pflaster zerschunden, von Panzern zermalmt, vom Frost aufgerissen. Großes Schild Zu den Kasernen. An der Ecke Haidhauser Bierstube. Sieht wie eine Laube aus, eine Schrebergartenhütte, verformtes Teerdach, verwaschener grüner Anstrich, auch tatsächlich ein kleiner Garten drumherum, Lattenzaun, vor Weihnachten werden dort Weihnachtsbäume verkauft, sieht dann wie ein kleines Wäldchen aus, sonst kahl. Im Sommer ein grüner Tisch, wie ihn die Brauereien verleihen, eisernes Gestell, zusammenklappbar. Ein paar Stühle, Haidhauser Bier. Innen gemütlich, der Wirt, ein dicker freundlicher Mann, sitzt an einem Tisch und trinkt sein Bier, Geschäft besorgt die Kellnerin, blasses Mädchen, weder reizvoll noch frivol, Opfer für Heiratsschwindler, wenn er mit Liebe kommt. Bauernvorhänge hinter den kleinen Fenstern. Niedrige Decke. Der grelle schrille Musikautomat. Gegen Mittag wenig Gäste. Über die Straße die Autoausstellung, Murphy's Motors. Ein Neger in Arbeitskleidung kommt und holt Bier. Ein vertrautes Gesicht. Sie rufen ihn Seppl. Zu anderer Zeit die Dirnen. Wärmehalle für sie und Geschäftsplatz. Familiärer Ton. Streifen an der Ecke rum, bis zum Bauplatz, bis zu den Kleinbürgerhäuschen, auf der anderen Seite bis zu den Kasernen, nördlich bis zum Wald. Der Anhang der Dirnen, rauhe Burschen, pomadisierte Frisuren, jung, aber schon leichenhafte Züge. Sie kommen mit alten Automobilen vorgefahren, bremsen scharf, gehen geschäftig, kleine

Chefs. Handeln mit allem Möglichen, vermitteln alles. Auch Erfahrungen als Strichjungen, doch hier nicht gefragt. Zu den Soldaten Anbiederung, meist unerwidert. Die Soldaten in Gruppen, hier mehr weiße als schwarze Besucher. Das Lokal für Schwarze etwas weiter die Straße rauf. Ganz verfallene Hütte, windschief, wie im Süden der Staaten nach einem Tornado. Wenn was los ist, Enge. Hautberührung, Wärme, Schweiß. Bier aus Flaschen. Ein Radio. In der Nähe Baracken, Läden mit amerikanischen Schildern. Eine Wäscherei, ein Schneider. Dazwischen ein Schild Deutscher Schultafel-Verlag. Neubauten. Viele Kinder auf den noch nicht bebauten Gründen. Spärlicher Graswuchs. Gruben voller Blech, Autowrackteile. Die Kaserne, irgendeine deutsche Kaserne, von einer Mauer umschlossen, die sich nach hinten in einen Stacheldrahtzaun fortsetzt. Vor dem Kasernentor ein Taxistand. Dahinter die Siedlungen der Familien. Schwarz und weiß anscheinend in Eintracht. Häßliche, schnell errichtete Häuser, Kreuzungen aus Baracken und Mietskasernen. Vor Weihnachten Engel und Sterne an die Fenster geklebt. 30 km Höchstgeschwindigkeit. Auch wir lieben unsere Kinder, etwas vorwurfsvoll. Ein Getto. Der Kaserne gegenüber der Parkplatz der Panzer und der Geschütze. Die Rohre der Geschütze drohend hochgerichtet, wahrscheinlich Parade. Dann unbebaute Felder bis zum Wald. Erde zerschunden von Panzerketten. Riesige Pfützen. Ein Kreuz für die Landung der Hubschrauber. Fliegen wie die Hornissen. Die Damen vom Strich. Sehen fast alle wie biedere Hausfrauen aus. Kleinbürgerliche Kleidung, nicht einmal der Chic von Verkäuferinnen. Dann auch wieder Grelle, rote Mäntel, grüne Mäntel, rote hohe Stiefel, sehr viel angegangenes Fleisch, vom Färben ausgetrocknetes sprödes Haar. Einzelne Freier, schnell mal zwischen dem Dienst aus der Kaserne. Andere mit ihren Automobilen, langsam die Straße runter, halten am Streifenrand. Begegnung mit der Truppe. Sie kommen von der Übung, verschwitzt, rote Gesichter, Gänsemarsch, die Maschinenpistolen im Anschlag, Stahlhelme in den Nacken gerückt, im Winter weiße Tarnanzüge, schwarz in das Weiß gebettet die Gesichter der Neger. Auch deutsche Abteilungen, Drillich. Eine Arbeitskolonne. Sie singen. Die anderen singen nicht. Der Wald. Abgestellte Automobile. Pfade in den Wald. Die kleinen Perversen, hinter den Büschen. Die mit dem Mordinstinkt. Bei den Dirnen wahrscheinlich ein Hang zum Selbstmord. Wieder Panzerschneisen. Weggeworfene Übungsmunition. Amerikanische Pappe, Konservendosen. Einst das Glück. Ein Lager von Gastarbeitern. Männer allein. Situation des Verlorenseins und einer aufgestachelten Sehnsucht. Etwas weiter das Schloß und sein Park. Der große Stall mit den Kühen.

18. März 1965.

Die Ampel hängt viel zu hoch, es ist auch nicht einzusehen, warum man das Signal dahin gebaut hat, gewiß, es ist eine Hauptstraße, weiter führt sie nach Ingolstadt, aber die Kreuzung ist unbedeutend, kein Verkehr, wenn nicht Krieg gespielt wird, man muß also aufpassen, um nicht weiterzufahren und unter einen Panzer zu geraten, viel Dreck, die Frontscheibe ist schmutzig, sehr behinderte Sicht, aussteigen, das Tuch nehmen, die Scheibe putzen, es geht nicht,

Haidhausen. An der Kreppe

grünes Licht, und sie hupen alle, haben es furchtbar eilig, wollen keine Sekunde verlieren, wohin wollen sie wohl, ausharren bei rot, sie geht vorüber, ungepanzert, ein Winterirrlicht, kommt aus der Haidhauser Bierstube, läuft zu den Schrebergärten, Blinklicht links, dann über die Kreuzung ab, ein Feld- und Wiesenweg, aufgerissen von Wagenspuren, ein Sumpfgelände, Bauerwartungsland, Autos stehen und warten, wiederkäuende Kühe auf magerer Weide, verschlossen, feindlich, jeder sitzt in seiner Festung aus Blech, Panzerschlacht, sie möchten das Feuer aufeinander eröffnen, später wird sich zeigen, wer der Schnellste ist, vorbei, wir fürchten den Tod nicht, sie ist verschwunden, schon erobert, gefangengenommen oder davon gelaufen, nicht feige, hat sich versteckt zwischen den Zäunen oder hat ihr Quartier hier, eine dieser Lauben, dieser Hütten, Einfamilienhäuser, mit Einliegerwohnung, Schulden bei der Bausparkasse, Hypothekenzinsen, schaff dir Eigentum, Herr auf eigener Scholle, nun ja, sie vermieten eben, nicht gern, doch es schlägt zu Buch, oder ein Alter tuts gern, weil er es täte, gern oder nicht, aber das Horchen auf die Geräusche, durch die dünne Wand, er liegt im Dunkel, oder das Radio glüht, summt, es ist wie im Kino, ein alter Film läuft ab, müde gierige Augen, nachher macht er das Bett, oder die Frau schüttelt es, schlägt es, die Sünde, er nicht, weiß nicht, was Sünde ist, oder fürchtet, Sünde könne ihn meiden, ihn verlassen, das stirbt ab, ist das Sterben, man stirbt sündelos, das ist bitter, sie wird wiederkommen, wird zurückgehen, wird sich wärmen, der Wagen schert aus, löst sich aus der Front, zurück, über die Kreuzung, grünes Licht, freie Fahrt, Halt vor den Haid-

hauser Bierstuben. Das kleine Wäldchen. Tannen. Weihnachtsbäume im Schnee. Sie handelt damit. Frauen, gehen auf und ab, frösteln, schlagen die Hacken zusammen,
schlagen die Arme, sind sie die Mütter, die Schwestern,
sind nicht zu unterscheiden von den anderen, die keine
Tannenbäume verkaufen.

DIE BAYERISCHE AKADEMIE
DER SCHÖNEN KÜNSTE

12. Juli 1965.

Öffentliche Sitzung der Bayerischen Akademie der Schönen Künste. Graf Podewils steht vor dem Hauptportal der Technischen Hochschule, begrüßt die trotz der großen Hitze in feierlichen schwarzen Anzügen gekommenen Mitglieder und Gäste. Man versammelt sich in einem Sitzungssaal. Der Eindruck ist der einer Versammlung alter und verbitterter Männer. In den Gesichtern Bosheit, Enttäuschung, Neid, Schuld, Eitelkeit, Todesfurcht, Scheitern, zu dem sie sich nicht bekennen. Irgendwelche gebildeten Mädchen bieten Wermut an, sogar in kleine Happen zerschnittene belegte Brote werden herumgereicht. Alle kennen einander und wissen, was sie voneinander zu halten haben. Einer stützt auch den andern, eine prächtige Körperschaft. Sie legen Halsbänder und Orden um. Einige ziehen feierliche Talare über ihre Anzüge, lange weiße und burgunderrote Mäntel mit hohen Kragen. Der Präsident, Preetorius, scheint in seinem Talar zu ertrinken. Eine Kappe, die an Erasmus von Rotterdam erinnert, gibt ihm das Aussehen eines alten Kindes. Er trippelt mit kleinen behutsamen Schritten, wie um sich in dem Mantel nicht zu verfangen und nicht zu stolpern. Diese Talare werden auch angezogen zur Beerdigung verstorbener Mitglieder der Akademie. Tröstet diese Aussicht den Todbereiten? Die Sitzung findet im großen Hörsaal der Technischen Hochschule statt. Ein gemischtes Auditorium aus älteren Leuten und Studenten. Die vorderen Reihen sind reserviert. Hinter

74

den reservierten Plätzen sitzen die Professoren der Hochschulen. Unter ihnen Herr von Pöllnitz mit rotem Gesicht. Großer Einzug der Akademie, die steile Treppe hinunter zu den reservierten Plätzen, voran Direktoren der Hochschule in schwarzen Talaren mit goldenen Amtsketten. Irgendwie denkt man an Glaubenskämpfe. Unter den Magnifizenzen ein kleiner mit dem Gesicht des Mephisto auf einem Provinztheater. Am Stock gehend, gestützt, mehr getragen als laufend wird Ina Seidel zu einem Sessel geführt. Der Raum ist hinter einem Pult von einem weiß angestrichenen eisernen Vorhang geschlossen, den man wahrscheinlich hochwinden kann, um in den Hof gefahrene Maschinen zu demonstrieren. Vor dem Vorhang grünt kranker Oleander in zwei Kübeln. Die Ausgezeichneten der Akademie sitzen zu viert wie die Angeklagten auf einer Bank. Pressephotographen, deren Blitzlicht mal aufflammt, mal versagt. Ansprache des Rektors der Technischen Hochschule, Ansprache des Präsidenten, Festvortrag eines Genetikers aus Basel. Versagen der Lautsprecheranlage. Der Gelehrte flüstert, liest mit eintöniger Stimme ein überlanges Manuskript vor, findet kein Ende. Er warnt vor dem künstlich gezeugten, manipulierbaren Menschen. Erläutert die Möglichkeiten der künstlichen Befruchtung, spricht von Samenbänken und den Entwicklungsmöglichkeiten des Gehirns. Ich gebe ihm recht, es ist eine höllische Welt, die er beschwört, aber gerade er wird die Hölle nicht hindern. Ein geistlicher Herr, Vertreter des Kardinals, lauscht, die Hand am Ohr und bleichen ungesunden Gesichts. Ich male mir dies alles als Schlußszene des Danteromans aus.

Gartenempfang im Prinz Carl-Palais. Hinter dem schönen alten Haus ein schöner gepflegter Garten, englischer Rasen von Bäumen und Schatten umrandet. Die Herren von gestern nun etwas sommerlich gekleidet mit ihren Damen. Es wird Fruchtsaft angeboten und wieder die diesmal zu Rechtecken geschnittenen belegten Brötchen. Marieluise Fleißer, noch immer aus Ingolstadt, erinnert sich ihrer Verlobung. Der berühmte Stifter-Forscher versucht, in Bosheiten zu glänzen. Podewils macht mich mit Friedrich Georg Jünger bekannt. Es ist ein peinlicher Moment. Zu allem Unglück macht die penetrante Photographin, die mich schon die ganze Zeit verfolgte, eine Aufnahme. Frau Eichholz, Feuilleton-Redakteurin des »Merkur«, hatte ein hübsches Kleid in zwei Farben an, und wir unterhielten uns über die Eifersucht bei Marcel Proust, wozu sie meinte, man könne doch nicht (in einer Ehe) dauernd mit den Hormonen leben. Was aber bleibt einem anderes übrig?

Sonntag, 7. Mai 1967, nach »Bologna«. Schuhhändler vor dem »Cadore«: trägt die Pakete, immer schäbig, immer eilig, häßlich, rund, weichlich. Geboren im Osten, überlebte, dachte nachher, wenn wir so wenige sind, dachte reich zu werden, wurde wohlhabend, gönnt sich nichts, keinen Pfennig in diesem Land, Konten anderswo, freudloses Leben, nicht Israel und doch Israel, der Vergnügungsboulevard, die jungen Leute, das leichte Geld, das lustige Leben, überall Unschuld.

Einmal am Sonntagmittag »Bologna«. Ißt nicht, frißt mit Gier, drei Flaschen Bier, Wandlung, später Lokal, weg mit dem Geschäft, aber an wen, verkaufen wozu, diesem Mädchen, jenem Jüngling, einer Stiftung, er stirbt, Erbe der Nachlaßpfleger, irgendwer, der sich meldet für einen Rest.

Was ich tun würde, wenn ich Vogel, der Bürgermeister, wäre, aber ich, ich könnte gar nichts machen, ich müßte König in Bayern sein, Ludwig II. oder sonst was.

Und wo wollen Sie nun endlich die Olympischen Spiele stattfinden lassen?

Aber ich bitte Sie, im Englischen Garten ist doch so viel Platz, eine Wiese, nicht einen Pfennig kostet sie, da mag jedermann laufen, so schnell er kann. Und das allein lohnte sich, selbst um den Preis des Wahnsinns und des schlimmen Todes, dazu noch mit einem Nervenarzt, im Starnbergersee.

Schwäne applaudieren dem Drama, verdingen sich auf dem Oktoberfest jedem zugereisten Lohengrin, Leda badet in Bier, bleibt ungeschwängert und trägt ihren Kater als Münchnerkindl aus.

Der Rausch ist eifersüchtig, kein Zeus neben ihm.

Grantig, kunstfremd, eine Quartalsäuferin, der städtische Kulturreferent wohnt mit ihr in einem eheähnlichen Verhältnis, hoffentlich weiß er, woran er geraten ist.

Fronleichnam 1973.
Der Wedekind-Brunnen am Wedekind-Platz von den Automobilen zugedeckt. Der Posterladen am Wedekind-Platz. Am Abend geöffnet. Die Popularität der durchgesetzten Moderne. Dalí zum Hausgebrauch. Der Surrealismus, das Unheimliche, das Jenseitige, das Aufgelöste wirkt nur noch dekorativ. Der Degout der alten Abortwitze. Ein Mann, eine Frau, ein Affe auf der Toilette. Die aus der Toilette herausgreifende Hand. Ein Motiv des Grauens, aber hier für lustig gehalten. Dann noch immer die Dackelbilder, die Katzenköpfe, die Pferde als Symbole einer vornehmen Natur. Landschaften der Reiseprospekte. Manchmal Marx, Lenin, der Klassenkampf über dem Bett, in dem man einander lieben möchte. Die Engelsköpfe, die Heiligen, das Kreuz, der üppige Akt sind nicht mehr gefragt.

Der Billard-Salon. Ein freundlicher Mestize. Die Faszination der grünen Tische unter den großen grellen Schirmlampen. Im Raum über den Lampen ist die Nacht. Die emsigen Bewegungen der Spieler. Ich meine immer, es sind Leute, die auf etwas warten, aus irgendeinem Grund erst gegen Morgen nach Hause gehen können. Vielleicht ist das die Erinnerung an das Lokal in Den Haag, wo die Zuhälter Billard spielten und auf die Mädchen warteten, die lange nach Mitternacht kamen und die Einnahme ablieferten. Ich saß da mit Jan Apon, der Kriminalromane schrieb und all diese Leute kannte. Ich versuchte mich am Billard ohne Erfolg. Die Atmosphäre war gemütlich. Allmählich wurde ich mit den Mädchen vertraut, die mich nicht als Kunden betrachteten. Es entwickelte sich eine Art Kameradschaft.

Mocca Efti in der Friedrichstraße in Berlin. Die Vortäuschung eines Harems. Die Damen wollten fein sein, und die Herren wollten es auch. 1933 ging man auch in Uniform hinein.

Hahnhof: der alte halbblinde Mann mit seinem Hund. Der Hund wird den Mann nach Hause bringen. Er wartet geduldig unter dem Tisch, ist treu, nimmt den Knochen nicht an. Der Mann grüßt, als er geht, den Schankkellner. Der Schankkellner grinst verächtlich. Dabei erwies ihm der alte Mann eine Ehre.

U-Bahnhof Giselastraße. Die Gammler, die dort am Boden saßen. Ich will telephonieren, der Apparat in der Zelle ist kaputt gemacht. Ein junger Mann steht auf und bittet um zwei Mark. Ich geb sie ihm und bewundere seine Psychologie. Wer das Telephon nicht benutzen konnte, ist bereit, etwas zu geben.

In Berlin bettelt ein junges Mädchen am Kurfürstendamm. Man vergißt aber, daß das Mädchen bettelt. Das Mädchen ist sehr schön, gut geschminkt und frisiert, jugendlich modisch, aber teuer gekleidet. Ihre Aufmachung vermeidet es, auf Armut oder Not zu deuten. Sie spricht ältere Menschen an, Männer und Frauen, sagt fröhlich, könnten Sie mir eine Mark geben? Der Angesprochene ist überrumpelt und in die Scham gedrängt. Es ist ihm peinlich, nur eine Mark zu geben. Er sucht in der Tasche und fragt, darf ich Ihnen vielleicht fünf Mark geben? Das Mädchen sagt, dufte! Sie fängt eine Konversation im Jargon der jungen Leute an. Ganz kameradschaftlich. Man ist gerührt, man wird ernst genommen. Man möchte ihr zwanzig Mark geben. Man fragt sich, warum sie eine Mark haben wollte. Ist sie selbst auf diesen Trick gekommen? Steckt ein Mann oder ein Unternehmen dahinter? Ich habe sie an verschiedenen Abenden beobachtet. Ich schätze ihre Einnahmen auf mindestens zweihundert Mark. Das Mädchen ist sehr freundlich, der Gebende fühlt sich beschenkt.

Veränderungen. Die alte Studentenkneipe mit den billigen Essen ist jetzt ein französisches Restaurant. Nur noch das Schild Hackerbier erinnert an die Vergangenheit. Französische Speisekarte. Austern. Es riecht nach Knoblauch. Auf dem Tisch Kerzen. Der alte Wirt steht noch irgendwo rum in einer untergeordneten Funktion. Das Essen ist schlecht. Der Bordeaux ein billiger Rotwein aus dem Supermarkt.

Schicke neue Hotels. Sie haben das Haus eingekreist, in dem der reiche Sammler wohnt. Ihm gehören die beiden obersten Etagen des Luxusbaus. Eine private Treppe verbindet sie. Die Wände voller Bilder, ein Museum of Modern Art. Er kauft in New York, London, Paris. Auch in München. Einige Bilder finde ich schön. Andere nicht. Das stimmt ihn traurig. Er sagt, er habe einen extra Metzger, der ihm die Steaks liefere. Ein junger Diener serviert. Die Filets, fast roh, sind wirklich zart. Schneidet man sie an, fließt Blut auf den Teller. Ich frage, haben Sie einen Koch? Nein, eine Köchin. Das wundert mich. Wir sprechen von Kochrezepten und alten Kochbüchern. In der Dachetage gibt es eine riesige Terrasse. Er kann von der Terrasse ganz

Schwabing überblicken. Er war einmal irgend etwas in der Industrie. Es hat sich gelohnt.

Freitag, 22. Juni 1973.

Im Hahnhof der bleiche schwammige Schankkellner. Er sieht mehr wie ein Gott des Bieres als des Weines aus. Er hat eine beinahe artistische Fähigkeit, die Weinflaschen senkrecht über das Glas zu kippen. Er gießt keinen Tropfen daneben. Ich stelle mir vor, daß er ungewöhnlich kleine Geschlechtsteile hat und daß er jemanden bezahlt, der ihn kitzelt. Einen Kellner halte ich für eine Frau, doch ist er wohl ein Mann. Mit einer Zeitung wedelt er den Rock einer Kellnerin hoch. Sie trägt Kniestrümpfe, ihre Schenkel sind nackt. Sie beachtet den Spaß nicht und schreibt ihre Bons. Es ist ein anstrengender Dienst. Eine Schauspielschülerin erzählte mir, daß sie versucht habe, im Hahnhof zu arbeiten. Am Abend setzte sie zu, ihre Kasse stimmte nicht, die Gäste waren ihr durchgegangen. Ein unsympathisches Lokal, schlechter Wein, ordinäres Essen, die Besäufnisse der Spießer, gehobene Angestellte, Geilheit zwischen nicht mehr jungen Leuten. Etwas von Walterchens Witwenbällen in Berlin. Auf der Straße ein Jüngling, der bettelt, »weil ihm sein Gepäck gestohlen wurde«.

Am Morgen U-Bahnhof Sendlinger-Tor-Platz. Sehr früh. Ich will etwas photokopieren lassen, aber die Läden sind noch geschlossen. Die Rolltreppe hoch. Man betritt die Bühne des grauen Morgens. Es ist Juni, aber Vorstellungen von Winter, Frost und Nebel. Fahles Neonlicht über der Straße. Viele Automobile fahren mit Licht. Fußgänger auf dem Weg zur Arbeit. Sie fürchten, zu spät zu kommen, hetzen zur Stoppuhr wie Kinder zur Schule, laufen die Rolltreppen hinauf und hinunter. Fabriken am Horizont: Osram, Siemens, Maffei. Die Rolltreppe der U-Bahn schon ein Teil des Fließbandes. Gleiche Beobachtung in allen Städten.

23. Juni 1973.

Frühmorgens mit der U-Bahn. Strömender Regen. Theatinerkirche, 6^{30}-8^{30} Uhr Beichtgelegenheit. Es ist ein Dienst, der die Psychiater beschämen sollte. Versuchen Sie einmal, Doktor Hamburger morgens um sechs aus dem Bett zu holen. Er käme nicht, auch wenn Sie ihm sagen ließen, Sie seien wahnsinnig. Am Tag nimmt er 150,– DM für eine Stunde Analyse. In der Nacht wohl das Doppelte. Die Priester lassen den Ödipuskomplex gar nicht erst aufkommen. Unbegreiflich, daß einige neuerdings so dumm sind, den Zölibat aufgeben zu wollen. Es wäre der Abstieg in die Gewöhnlichkeit und das klägliche Ende. Das evangelische Pfarrhaus. Hin und wieder zeugte einer in der Enge ein Genie. Die unvergessenen Choräle: »Eins ist Not, ach, Herr, das eine!«

Vor der Oper im Regen. Diese Säulen vergangener Pracht. Die Lüster brennen im Foyer. Das Licht ist durch die Fenster zu sehen. Ich empfinde im Regen am Morgen Festesfreude.

Die Wohnung oder das feindliche Land. Betrunken. Das Paket der Frau Professor. Zweiliterflasche Chianti leer vor dem Bett. Ich suche nicht mehr. Das Bett. Die Brandlöcher. Der Tod. Die perverse Lust. Schlaf, der kein Schlaf ist. Geschenke. Die Hosen junger Männer. Das Parfum woher? Das alte Gespräch von der Großmutter. Der versteckte

Die Bayerische Staatsoper am Max-Joseph-Platz

Schnaps. Verbitterung. Flucht. Es ist feige. Eine ohnmächtige Wut. Verzweiflung zerstört das Gewissen.

Abend im Restaurant der Vier Jahreszeiten. Die peinlichen Veränderungen. Als der alte Walterspiel starb, hinterließ er ein Kochbuch, aber keine Köche. Internationaler Hotelfraß. Amerikanische Touristen, die Eiswasser trinken. Zwei junge Bayern beim Bier. Warum sind sie nicht im Hofbräuhaus? Die Flasche Frankenwein ist so teuer, daß man sie nur auf Spesen trinken könnte. Diese Leute aber trinken keinen Frankenwein. Würzburg hatte einen Ausblick ins Paradies, aber die Tür dahin hatte ein verrostetes Schloß.

U-Bahnhof Odeonsplatz. Ein junges Liebespaar. Das Kind küßte ihn immer wieder, umschlang ihn leidenschaftlich, gab dem eifersüchtigen Dritten, Freund des Geliebten, den Schirm zu halten, um noch inniger in der Umarmung vergehen zu können.

Georgenstraße. Als ich die Haustür aufschloß, spürte ich eine Gefahr im dunklen Treppenhaus. Ich wich zurück, fand an der Tür den Lichtschalter und sah einen untersetzten Mann vor mir stehen, der eine Art Polizeiknüppel zum Schlag erhoben hielt. Er sah sehr finster aus, sagte, er sei der Hausmeister, und ging in den Hof, von da zur Straße. Das Appartement war stickig. Ich öffnete die Tür zum Balkon. Beat von einer Schallplatte. Ich hörte Lachen. Ich sah die Lichter eines Cafés in der Leopoldstraße.

Sonntag, 9. Juni 1974 – Regen.
Der Prophet in der Kaufinger. Sein dunkler Anzug, seine
Ziehharmonikahosen. Die abgeschabte schwarze Mappe
unter dem Arm. Etwas hinkender Gang. Zurückgekämmtes hellblondes strähniges Haar wie Lenz. Hageres junges
fanatisches Gesicht. Geht Straße auf und ab. Schwingt Bi-
belbuch in der Hand. Ruft mit Predigerton Untergang.

Plakat: Hilfe, man erschießt uns. Unterschrieben von
fortschrittlichen Filmleuten und Schriftstellern. Warum
diese? Warum nicht der Präsident, warum nicht Neckermann? Bin ich für Schießen, ist es Neckermann? Die Frage
der Eitelkeit?

Warenhaus. Die Geschichte des fehlenden Kabels. Weib-
licher Lehrling, gib doch Ruh, Opa. Blick auf ihn, möchte
ich ihn als Enkelin? Oder Reise nach Cuba libre?

Der Papageimensch mit dem geflickten Mantel. Mein
Gespräch mit ihm über Sokrates' Schüler. Dunkle Brille.
Kaugummiblasen. Traktat über Höflichkeit. Meine Über-
treibung. Er hat sie wohl nicht alle. Hält mich für ein
urgeschichtliches Wesen, möchte mich die U-Bahn-Treppe
hinuntertragen. Ins Museum geben.

U-Bahn-Station Odeonsplatz

Der alte königlich bayerische Bahnhof ist zerstört. Er unterschied sich von den königlich preußischen Bahnhöfen durch die Ferienluft. Die Gepäckträger trugen die Koffer direkt an den Tegernsee oder ins Weiße Rössel. Der Platz vor dem Bahnhof lag im Schatten oder im Glanz der Schlösser des märchenhaften Ludwig. Die Hotels am Bahnhof waren nur Gesinderäume, wo man sich für das Schloß zurecht machte. Kein Mensch, der dort abstieg, dachte an Geschäfte.

Der wiederaufgebaute Bahnhof heute gleicht einer Basilika, gemessen, hell, wie von einem lateinischen Baumeister entworfen für ein Christentum, das der Welt sicher war. Hinter der Bahnhofsuhr in dieser Halle wohnt Gott. Es geht hier nicht ohne ihn. Selbst der Ungläubige fügt sich. Alle wollen den Zug erreichen und sind eingespannt in einen Apparat, der das Ziel nicht nennt.

Auch wer in München ankommt, tritt ins Ungewisse. Das Licht der Halle weigert sich, den Reisenden in die Stadt zu begleiten. Es entläßt ihn zu Kirchen, die unter hohen Türmen verborgen sind. Es sind dunkle Gewölbe, und man weiß nicht, sind es Verstecke für den Überfall oder die Rettung.

DIE AUSSTRAHLUNG
DER BRUTALITÄT

10. März 1975.

Auf dem Bahnhof die Flügeltür aus Glas von der Halle zu den Bahnsteigen: ein Mann will in die Halle hinein, ich will hinaus, wir stoßen beide gegen die Tür und halten sie gegeneinander fest. Ich will nachgeben, merke aber, daß der Mann absichtlich die Tür festhält und unsere Schwierigkeiten vergrößert. Er sucht die Gelegenheit, mich anzusprechen; man könnte auch sagen, er versucht, mich zu stellen. Es ist ein unsympathischer Mensch, von einer gezügelten, jetzt devoten Frechheit. Sein Gesicht scheint mir gemein, seine Gestalt gewalttätig zu sein. Er sagt, helfen Sie mir, ich komme gerade aus dem Knast. Ich muß ihn bewundern, ob er nun gerade aus dem Gefängnis kommt oder nicht, er hat mit sicherem Blick in mir das Opfer erkannt und das unfehlbare Stichwort gefunden, Knast. Mag er mir auch noch so unsympathisch gewesen sein, ja von besonderer Widerwärtigkeit bis zu körperlichem Mißempfinden, ich muß ihm jetzt was geben, es nicht zu tun, ginge gegen meine Überzeugung von der Ungerechtigkeit des Lebens. Ich bin etwas verwirrt, suche nach Geld in der Tasche, gebe ihm fünf Mark, schäme mich, daß ich sie *ihm* gebe, und gleichzeitig, daß ich so wenig für ihn tue. Er nimmt die Münze und ergreift dann die Hand, umschließt sie, beugt sich herunter und küßt die Hand. Ich muß meine Hand fast mit Gewalt befreien. Jetzt weiß ich, ich habe den Verbrecher von Jean Genet vor mir, den echten Verbrecher, den Helden und Geliebten seiner Bücher. Was mich beunruhigte, war die Ausstrahlung der Brutalität, der Brutalität des Geschlagenen und des Schlägers, die Vereinigung von Masochismus und Sadismus, die Bejahung des Gefängnisses und die Rebellion gegen die Gefangenschaft. Genet unterwirft sich solchen Menschen, gibt und empfängt Orgasmen. Genet, eine beinahe geniale Begabung; er hatte die Kraft, in die Freiheit des Schreibens zu entkommen. Mich verstimmte diese Begegnung. Ich nahm sie für ein schlechtes Omen. Ich wollte meinen Koffer zu einem Schließfach bringen.

10. März 1975.

Im Münchner Stadtmuseum am Jakobsplatz ist die Ausstellung der Berliner Akademie der Künste über die deutschen Gründerjahre zu sehen. Der Jakobsplatz ist durch den Krieg und neuerdings durch die Stadtplanung zu einem bemerkenswert häßlichen Platz geworden. Dabei hätte der Platz mit seiner Verbindung zum Viktualienmarkt eine freundliche und volkstümliche Erinnerung an altes Münchner Leben sein können. Trödelläden, Kneipen, Hehlernester, Prostituiertenquartiere, diese kleinen frommen Läden mit Kerzen, Heiligenbildern und Rosenkränzen, eine Klosterpforte, die Bettelsuppen ausgibt. Dies ist natürlich Vergangenheit, auch keine schöne. Aber die Gegenwart, das Parkhaus, der Versicherungsbau, die Einheitsarchitektur des Handels, ein moderner Stil, der keiner ist, nur Gefälligkeit und Verlegenheit. Am Sonntag unbelebt, trostlos. Geschlossen das italienische Restaurant, in dem die Redakteure der »Süddeutschen Zeitung« essen. Sie essen schlecht, aber weil es nicht billig ist, meinen sie, sie essen gut. Ich sagte es dem Doktor Goldschmidt, und er sagte, schreiben Sie das doch für uns. Er dachte an einen Michelin für sein Feuilleton. Ich sagte, ich kann das nicht. Die Ausstellung wurde von alten und von jungen Leuten besucht. Das Haus des Stadtmuseums gefällt mir sehr und immer, wenn ich hingehe, eigne ich es mir an. Ich schließe in Gedanken das Tor, setze mich hinter die dicke Mauer in den Hof und genieße es, in München zu sein. Mitten in der Stadt, allein in einem so großen festen Haus. Das ginge.

Diese schönen gutgeschnittenen Räume. Es ist eine Lust, mit hämmerndem Schritt über das blanke Parkett zu gehen, eine Freude, zu den Fenstern hinauszugucken. Der vorher gerügte verhunzte Platz stört weniger, wenn man ihn aus einer so festen Burg betrachtet. Der Raum schützt auch gegen Häßlichkeit. Das italienische Restaurant wird mir gleichgültig. Es gibt im Haus sicher eine schöne Küche mit einem großen Herd. Ich würde einen Koch anstellen. Am besten einen aus dem Vatikan. Ich aß einen Sommer lang bei Leuten, die aus Rom zur Köchin eines Kardinals gekommen waren. Diese Frau kochte so gut wie ein Mann. Unbegreiflicherweise entließen meine Freunde sie fristlos, als sie sie überraschten, wie sie im Suppenkessel ihre Strümpfe kochte. In den schönen großen Zimmern stehen Möbel aus Münchner Bürgerstuben und Adelshäusern. Ein Museum. Ein totes Museum. Die Berliner Ausstellung über die Gründerjahre wirkt in dieser Umgebung wie der Beginn des Sozialismus in Deutschland. Industrie und Kapital wirkten ganz im Sinne von Karl Marx, und die Katastrophen, die kommen mußten, beschleunigten diese Entwicklung bis heute. Der kluge Verfasser des Katalogs der Ausstellung denunziert auf großen Schautafeln das ausgehende 19. Jahrhundert als die Zeit des Geniekults und des großen Einsamen nach Nietzsche. Er übersieht die heute parodistisch wirkende Verkleidung, das Kostüm dieser Zeit. Aus dem großen Einsamen sind kleine Einsame geworden. Das Bürgertum war ungebildet, aber es schwärmte von Kultur und hatte manchmal gebildete Söhne. Diese Söhne zerstörten die pompöse Welt ihrer Eltern, erreichten aber statt der humanen Demokratie nur eine Technokratie, nicht das Glück, nicht der Wohlstand wurden allgemein, nur die Arbeit wurde Allgemeingut, und die Produktion hat die Majestät ersetzt. Reaktionäre Gedanken und dabei erschüttert vor den Bildern der großen Sozialisten, Bebel, Engels, Karl Liebknecht, Rosa Luxemburg. In einem Stuhl für die Besucher rekelt sich ein junges Mädchen. Es ist das behütete junge Mädchen aus einer Familie, die schon längere Zeit, wahrscheinlich durch Generationen, Geld gehabt und bis heute bewahrt hat. Sie könnte noch, wie noch auf manchen Gemälden dieser Ausstellung, auf Pfühlen liegen und sich bedienen lassen. Sie erreicht diese Haltung schon auf dem unbequemen harten Stuhl des Museums. Ist sie gelangweilt? Ich glaube nicht. Sie stellt sich schläfrig und ist wach, sie gibt sich träge und nimmt alles auf, ohne sich anzustrengen. Sie ist mit ihrer Mutter da. Diese hat einen fußlangen, sehr weichen langen Pelzmantel an. Auch sie könnte ihr Bild in dieser Ausstellung haben: die Gattin des Künstlers.

GESPEICHERTES
GESCHICHTSBEWUSSTSEIN

Es gab in München auch das Lokal »Zu den Dolomiten«.
Es aßen dort an ungedeckten Tischen amerikanische Soldaten und ihre Freundinnen. Wir aßen Spaghetti Bolognese
und tranken roten Wein. An der Wand hing ein Gemälde
in Fassadenfarben, das Schloß zu Mantua. Gespeichertes
Geschichtsbewußtsein: das glückliche Österreich, die finsteren Habsburger, Andreas Hofer in Banden. Das war
falsch.

TRÄUME IN EINEM
MÖBLIERTEN ZIMMER

Am Sonntag Vormittag im Treppenhaus ein geistliches Orgelkonzert. Wahrscheinlich aus dem Rundfunk. Für ein Harmonium ist der Klang zu groß. Die reiche alte Dame und ihre alte Dienerin beim Gottesdienst? Die Witwe des Professors, der aus Amerika zurückgekehrt war, um zu sterben.

Ich sitze in einem möblierten Zimmer; ich habe es wohl gemietet. Es ist ein Zimmer von der schäbigsten Sorte. Schmal, lang, schlauchartig, niederdrückend ausgestattet. Sofort das Gefühl, gefangen zu sein, in eine Falle gelaufen zu sein, aus diesem Zimmer nicht mehr hinauszukommen. Es ist kurz vor der Nacht. Mein Wunsch, wegzugehen, verdichtet sich zu dem Verlangen, gut zu essen. Ein sicheres Mittel, Unangenehmes, Ärger, Kränkungen zu vergessen. Aber auch dies wird nie wieder möglich sein. Aus Hilflosigkeit fange ich an, meine Schuhe zu putzen. Ich nehme einen Wollschal, ihnen Glanz zu geben. Ich meine, wenn meine Schuhe geputzt wären, könnte ich ausgehen. Ich habe aber keine Schuhcreme und das Leder bleibt stumpf. Ich werde mir die Erlaubnis zum Ausgehen nicht verdienen. Auch fehlt den Schuhen das Schuhband, es ist nur noch halb vorhanden und verknotet. Es sind schwarze abgetragene Schuhe wie im Krieg. Das Schuhband wird nicht wieder zu ersetzen sein. Panik überkommt mich. Ich kann aber nicht schreien. Ich habe mich leichtsinnig in eine Stadt begeben, in der ich wohl einmal gewesen bin. Ich war dort sehr unglücklich, in der engen Kammer. Es war mir gelungen, zu fliehen. Wie konnte ich wiederkommen? Endgültig gefangen in armen, bedrückenden, stumpfsinnigen Verhältnissen. Aus dem Fenster sehe ich, wie vor dem gegenüberliegenden alten Haus sich Leute anstellen, wie im Nachkrieg nach Lebensmitteln. Im Souterrain des Hauses versammelt sich aber eine Sekte. Der Versammlungsraum scheint die hineindrängende Menge nicht fassen zu können. Sie beginnen, aufeinander einzuschlagen. Sie trampeln auf die, die gefallen sind. Es sind ärmlich, aber ordentlich gekleidete ältere Leute, hauptsächlich Frauen.

Am Himmel erschienen Kriegsschiffe. Sie waren groß, grau wie schwere Schlachtkreuzer mit drohend aufgerichteten Geschützen. Keine Luftschiffe! Die schweren stahlgepanzerten Ungetüme hatten ein Mittel gefunden, die Schwerkraft zu überwinden. Sie bewegten sich leicht in nicht allzu großer Höhe, so daß man sie gut sehen konnte. Die Menschen liefen erregt herum und riefen nach Luftschutzkellern.

Die Furcht, in Greifswald zu sein, und Greifswald nicht wieder verlassen zu können.

Theodor Wille ist nicht gestorben. Er kommt in sein Haus zurück und sieht, daß alles verkauft ist. Die Antiquitäten, die Teppiche, das alte Porzellan, die Uhren, die Bilder sind verschleudert worden. Die Räume sind leer. Ich sage, es steht alles auf dem Boden, aber er glaubt mir nicht.

Herr und Frau Michaelis wohnen in der Villa in der Ungererstraße. Haben sie das Haus gekauft? Es sollte doch abgerissen werden. Michaelis bewohnen aber nur einen

Teil der Räume, die oberen. Sie haben den Zugang mit Möbel verbarrikadiert. Unten steht noch meine Einrichtung, doch alles ist in die Mitte der Zimmer gerückt, als erwarte man den Anstreicher. Ich möchte wieder in das Haus hinein und wieder dort wohnen. Ich versuche, vom Garten durch ein Fenster einzusteigen. Es wird darüber Nacht. Das Haus ist mir feindlich. Im Garten haben sich Diebe versteckt. Herr und Frau Michaelis scheinen nicht im Haus zu sein. Nirgendwo brennt Licht. Aber sie hassen mich und haben das Haus gekauft, damit ich nicht mehr dort wohnen kann.

Allein in meiner Wohnung. Aber ich traue mich nicht in das große Zimmer hinein. Da ist einer. Ich kenne ihn nicht. Er ist unsichtbar. Wie ein Tier den Jäger wittere ich, daß er gekommen ist. Er könnte mich mit seinen unsichtbaren Händen erwürgen. Wahrscheinlich hat er lange Arme. Den Körper werde ich fühlen. Massig, schwer, stark gegen Brust und Leib gepreßt, wenn mir der Atem ausgeht. Ich versuche, durch den Türspalt ihn mit einem verlegenen Lächeln milde zu stimmen. Das soll nicht unmöglich sein. Aber da liegt das Papier auf dem Tisch. Meine letzten Seiten. Kein Testament. Das Papier ist weiß und leer. Sollte er es gelesen haben, bin ich verloren.

Die Bücher sind in Unordnung geraten. Es hat Kämpfe unter ihnen gegeben. Zerfetzte Leichen. Wörter aus dem Sinn gebrochen. Ein Mädchen wollte mir helfen, die Bibliothek in Reih und Glied zu bringen. Das Mädchen studiert Germanistik. Die Romantiker beschäftigen sie. Professor U. führt sie ins Gebüsch. Jetzt ist sie leider verschwunden. Ich fürchte, im Deutschen Wortschatz.

In Berlin verbrannte meine erste Bibliothek. In Holland ging die zweite Büchersammlung verloren. Reichtümer, Verluste, die keiner anerkannte. Um ein Buch zu finden, muß ich auf die Leiter steigen. Auf unsicheren Füßen Blicke in eine zerklüftete Landschaft. Gletscheregeröll von den Wänden auf den spiegelblank gefrorenen Fußboden gerutscht. Berg und Tal der Presse. Täglich ein neuer Regen. Oft Hagelschauer. Der Hausmeister schimpft, will ich die

Sintflut in die Tonnen stopfen. Die Altpapierabholer lassen mich versinken. Der kluge Kopf schaut aus der Gruft. Ein Gefährt aus alter Zeit ist mir geblieben. Erworben aus dem Pergamonmuseum in Berlin. Wir nannten ihn den Mann, der grinst. Wir schalten ihn auch den Fresser, den Trinker, so sieht er aus. Wir schalten ihn den Säufer, denn so sieht er aus, aber ich liebe ihn, entronnen den Schlachten der antiken Welt, in unseren Kriegen gehütet, geborgen. Wir sind keine Unmenschen. Ich spreche nächtelang mit ihm. Dann sagt er am Ende, werde wie ich. Ich nehme ihn in die Hand, lege sein Gesicht auf mein Gesicht. Leider kommt niemand, den ich erschrecken könnte.

K soll sich in Geiselgasteig seinen Film ansehen. Es ist ein heißer Tag, und ein Gewitter droht. K hadert mit sich, daß er sich wieder auf eine Filmarbeit eingelassen hat. Er hatte geglaubt, das sei vorbei. Alte Ängste überkommen ihn. Gewitterfurcht. Damals die Fahrt mit dem Taxi. Er ließ es auf dem Gelände warten. Auch so ein heißer Tag und ein drohendes Gewitter. Er verhandelte damals energisch, um wieder wegzukommen. Verkaufte eine Filmidee, versprach ein Szenarium, raste zur Kasse, den Vorschuß zu holen.

Er überlegte, mit seinem Wagen zu fahren. Ein Faradayscher Käfig. Er glaubte nicht daran, hielt es für eine Illusion. Aber der Wagen war besser, als im Regen zu stehen. Er fühlte sich erpreßt. Sah den Film und mochte sich nicht. Dachte an anderes. Erinnerte sich an O. An die Sommernächte in O. An die Gewitter in O. Nachts brannte der Hof vor dem Wald. Wir sahen es aus dem Fenster. Die Feuerglocke. Die Pferde, die K leid taten. Er dachte an die Schilfhütte, die er mit Hans am See gebaut hatte. Sie saßen da wie unter einem Wasserfall und in einem Feuer. Hans war vier Jahre älter, Sohn eines Lehrers, trug den Kopf immer kahl geschoren. Er entblößte sich unter dem Schilf. K dachte, Hans sei krank. Verstand nichts. Erst am nächsten Tag fürchtete er sich vor Gewittern. Der Mensch im Film war ihm fremd. Er vermied es, über den Film zu sprechen. Er lauschte auf den Donner und den Regen. Er dachte, wenn mich jetzt draußen der Blitz trifft, habe ich es schon immer geahnt.

Ich sah zufällig im Kaufhaus Neckermann, wie eine Horde von Jugendlichen die Treppe zwischen den Rolltreppen hinaufstürmte und sich wie Wasser aus einem Eimer in die erste Etage ergoß. Ich stellte mir nun vor, daß eine ungeheure Menge von jungen Leuten unaufhörlich in das Kaufhaus hineinströmt, sich der Etagen und der Verkaufsstände bemächtigt und dieses Warenhaus der kleinbürgerlichen Nützlichkeit zu einem Rummelplatz verfremdet. Es werden alle technischen Einrichtungen, alle Apparate auf die größtmögliche Betriebsstärke gestellt. Die Rolltreppen rotieren, die Lautsprecher kreischen, sämtliche Fernseher gehen, Waschmaschinen, Geschirrspülmaschinen, Staubsauger und alles, was es sonst noch gibt, arbeitet, lärmt, explodiert. Die Jugendlichen fahren Rad und fahren Kinderwagen und fahren Roller, sie hüllen sich in Stoffe, entkleiden die Kleiderpuppen, setzen sich deren Perücken auf, tanzen mit den nackten kahlköpfigen Puppen. Mögliche Entwicklung: Panik der Käufer und Verkäufer. Die herbeigerufene Polizei ist machtlos. Die Jugendlichen schließen die Eisengitter des Kaufhauses. Das Kaufhaus wird belagert. Es wird zu einer belagerten Burg. In der Burg fallen sie über das Lebensmittellager her. Es gibt Versuche unter der Burgbesatzung, eine Autorität zu installieren, einen Führer einzusetzen. Machtkämpfe. Versuche, den Widerstand zu organisieren. Auf der anderen Seite die starke Lust an der Anarchie. Die Anfälligkeit der Gesellschaft draußen: Die Polizei wagt nicht den Einsatz, der zu Toten führen und das Warenhaus vernichten könnte. Die geteilte öffentliche Meinung. Selbstkritik der Gesellschaft, groteskes Verhalten der Besitzer des Warenhauses. Eine politische Krise. Angebote an die Jugendlichen, zu kapitulieren. Straffreiheit wird versprochen. Die Tendenzen der wahren Anarchisten unter ihnen. Die wahren Fanatiker legen Brand. Das Warenhaus beginnt in allen Stockwerken zu brennen. In einer Art Rausch verbrennen die Anarchisten mit. Die anderen fliehen durch Fenster und Ausgänge, mischen sich unter die Gaffer und sind bereit, sich mit der bürgerlichen Ordnung zu versöhnen.

5. September.

Es war schon Abend, als ich Enzensberger verließ. Am Nikolaiplatz ein argentinisches Restaurant. Ich war noch nie dagewesen. Ein Kellerlokal, nicht verlockend, nur niederdrückend düster. Aß ein Hammelsteak, das sehr gut, nicht nach Gefriertruhe schmeckte. Dazu einen ausgezeichneten argentinischen Rotwein. Sehr billig.

Ging ins alte Cadore, setzte mich draußen hin, war lange nicht dagewesen. Ein schöner Abend, aber die Straße leer. Ich blickte über die hohen Pappelbäume zum Himmel. Mond schien. Erinnerungen an Schwabing. Auch nicht heiter. Ich hätte nie in München bleiben sollen. Jedoch jetzt ein schöner Abend. Von sanfter Melancholie. Natürlich ärgerlich, daß ich Enzensberger und seine Zeitschrift nötig habe, um weit weg zu fliegen. Ich fuhr mit der U-Bahn zum Marienplatz, kaufte die neue »Süddeutsche«, fuhr weiter zur Theresienhöhe, ging ins Bett, schlief gleich ein und hatte Angstträume.

Samstag, 6. September, abends.
Saß in einem der weißen Stühle, von der Stadt dort aufgestellt. Gegen sieben Uhr, überlegte, in ein Kino zu gehen. Blieb aber sitzen.

Ein Fußballverein hatte gesiegt. Seine Anhänger, die Fans, zogen fahnenschwenkend über den Platz. Alle schwer angetrunken. Den Zug führte ein ungewöhnlich dicker Mann an, der wie ein Faun hüpfte und gestikulierte. Es gab auch Fußballerbräute. Sehr junge Mädchen in Jeanshosen und mit Lederjacken mit dem Vereinsemblem. Sie waren klein und hatten fast alle einen dicken Hintern. Ihren Freunden gehorchten sie aufs Wort. Dank ihrer Jugend hübsche Gesichter. Sie würden Mütter werden. Eine mir fremde Welt, in sich in Ordnung.

Vor der Mariensäule aufgereihte Stühle, eine Andacht. In den Reihen fast nur alte Frauen. Einige hielten brennende Kerzen in der Hand. Ein geistlicher Herr, ganz ein Kultusbeamter, kurzer Haarschnitt, sauber gebürstet den schwarzen Anzug, mit dem kalten Gesicht eines Funktionärs sprach er Gebete, versicherte sich immer, daß Mikrophon und Lautsprecheranlage arbeiteten. Die alten Frauen, die an Gott glauben oder wenigstens in ihm ihre letzte Hoffnung sehen, sprachen die Gebete nach. Ein eintöniges Plappern. Es erstaunt mich immer wieder, daß so oft gläubige Christen verdrossene, mißmutige Gesichter haben. Ich war sicher, daß diese Frauen zu den Trinkern, Bettlern, Obdachlosen, die auf dem Platz lagen, schliefen oder schrien, ganz und gar unbarmherzig waren.

Vor dem Donisl am Platz fuhr Polizei vor und kam ein Krankenwagen. Polizei und Sanitäter schleppten aus der Wirtschaft den dicken Anführer des Siegeszuges der Fußballer. Er konnte vor Bier nicht mehr gehen und hatte ein grausig zerschlagenes Gesicht, blutete aus Augen, Nase und Mund.

In der Fußgängerzone vor der schönen Fassade der Michaelis-Kirche ein älterer Flötenspieler. Er hatte drei kleine, sehr gepflegte Hunde und für sie einen kleinen Teppich mitgebracht, auf dem sie sehr artig schliefen. Sein Besitz lag auf einem kleinen Leiterwagen, an dem ein Schild hing: »Finde mit meinen Hunden keine Wohnung, suche eine«. Friedliche Passanten, bis ein dicker Mann kam, der, etwa sechzig Jahre alt, einen breiten weißen Cowboyhut auf dem Kopf trug. Er stellte sich vor den Flötenspieler hin und schimpfte mit rüdesten Worten auf das Gesindel, das sich in Deutschland breitmache, und Strauß würde auch in dieser Fußgängerzone schon aufräumen.

Mariensäule mit Blick auf die Türme der Frauenkirche

Herr Oberbürgermeister, meine Damen und Herren Stadträte, Kritiker, Richter, Auszeichner, Mäzene, meine verehr-
ten Münchner, ich danke Ihnen sehr bewegt und herzlich
für den Kulturellen Ehrenpreis der Stadt München, den Sie
mir verliehen haben.

Der Preis bedeutet mir mehr als andere Auszeichnungen.
Er gibt mir Heimat im Ort des Wohnens. Zwar hause ich
gern in Hotelzimmern, irgendwo in der Welt, aber es ist
gut, an einem bestimmten Punkt eine Schublade vor dem
Grab zu haben. Ihr Preis ist die mich überraschende Vollendung eines Schicksals. Der törichte Krieg der Mörder
brachte mich nach München, dessen Ruf als Kunststadt,
Kaffeehaus einer arbeitenden Bohème und Atelier der
Avantgarde, Stätte der Kammerspiele des Otto Falkenberg,
Sitz des Kurt Wolff Verlags mit den schwarzen Heften einer stürmischen, ins Verderben stürzenden Jugend, »Der
Jüngste Tag«, mich schon an der Ostsee und in den Masu-
rischen Wäldern angezogen hatte. Nun stand ich hier, arm,
mittellos, unbehaust, fern jeder Existenz, und die ich suchen wollte, waren verschwunden. Ich lese gern die modri-
gen Bücher der Geschichte und halte Klio, die aufgeputzte
Göttin der Geschichte, für eine alte, verwirrte, zänkische
Frau. Doch versteht man Klio als Autorin der Geschichten,
ist sie unschlagbar. Welch wunderbare, welch makabere
Phantasie!

Der Staat Preußen, aus dem ich kam und dessen
Schlachtruhm das Schulkind gequält hatte mit Daten des

Sieges und des Todes, war an einer ihm von einem österreichischen Schlawiner aufgezwungenen, doch Preußen nicht seelenfremden Hybris erstickt und zerlegt worden, Bayern, ein in Jahrhunderten gepflegtes, wie es sich sah, Gott gefälliges Reich, im wesentlichen erhalten, standhaft davongekommen, wie wir alle, die wir im Sommer 1945 lebten. Ich blieb in München.

Der Sommer war schön. Er war prächtig. Wochenlang strahlende Sonne. Kein Regen. Wir fühlten uns befreit und verdrängten mit schlechtem Gewissen das Gedächtnis an die Toten, an die wir uns später wieder erinnern sollten. Die Kriegsgeneration der Davongekommenen erholte sich hinter den niedergerissenen Zäunen der städtischen Bäder. Ein Wirt in der Ungererstraße kochte aus Brennessel und Gras einen Spinat, der verschlungen wurde. Offiziere der Endsieggläubigkeit bettelten Mädchen, die sie aus Tradition verachten mußten, um die amerikanischen Zigaretten ihrer Boys an. Die Wunden der einstigen Hauptstadt der Bewegung lagen offen. Im Abend- oder Morgenlicht waren die Ruinen schön. Wir lebten in einer Stadt in Schutt, die zu stark war, um unterzugehen. Wir träumten von Straßen und Plätzen aus der Asche. Wir wollten wie der Vogel Phönix sein. Wir bauten uns eine Zukunft ohne Befehl, ohne Mord und Totschlag, ohne Lager, Gefängnisse, Schafott, ohne Zwänge gegen uns selbst, wir holten unsere vergewaltigte Seele wieder ans Licht, wir sprachen voll entfesselter Kunst, von der Freiheit des Worts, wir planten ein großes Theater der Erörterung unserer vergangenen wie zukünftigen Ängste und Darstellung unseres Mutes. Erst mit dem Winter kam der große Hunger, es gab weder Gras noch Brennessel, unsere Luftschlösser aus den städtischen Bädern erstarrten wie das Badewasser in den vereisten Becken. Wir sind davongekommen, wer glaubt es noch? Der Bürger ist davongekommen, der alte Homo faber. Er wurde tätig. Er sammelte das Holz. Er heizte das kalte Zimmer. Er flickte das Haus. Er baute ein neues. Er führte das Geschäft fort oder gründete eins. Er zog seine Kinder auf, das Geschäft zu übernehmen. Er glaubte, als sein Fleiß belohnt wurde, an einen Bestand. Er ist bereit, das Erreichte mit dem Opfer seiner Söhne zu verteidigen.

Lassen Sie mich von den Friedhöfen unserer Stadt sprechen. Ich besuche unsere Toten gern. Sie sind die wahren Zeugen der Geschichte. Sie widerlegen den Plan, den jedermann macht. Ihre Grabsprüche sind die Anthologie der letzten Illusion.

Berühmte Namen, vergessen. Wenn ihnen ein Denkmal gesetzt wurde, gleichen ihre Gesichter dem Lehm. Vogeldreck verklebt ihre Augen. Grüngrauer Gespensterblick. Die Werke der Zelebritäten ruhen unverlangt hinter den vergilbten Katalogen der Bibliotheken. Ihre Wissenschaft ist widerlegt, ihre Philosophie verdrängt. Es war immer ein Außenseiter, der den gordischen Knoten zerschlug, das Ei des Kolumbus aufstellte, Witz bewies und nichts. Die für die Menschheit, für ihren Glauben, ihr Vaterland, eine Weltanschauung, eine Idee, für die Freiheit oder für die Unfreiheit Gefallenen, Ermordeten, Gefolterten, in Kerkern Umgebrachten – wie traurig ist dieser endzeitliche Triumph von Freiheit, Gleichheit, Brüderlichkeit. In bayerischen Dörfern rings um München, im Angesicht der Alpen, vor dem ewigen Schnee, finden sich Gräber der Ge-

Alter Nördlicher Friedhof. Schwabing

fallenen des Freicorps Oberland. Das Land eroberte die Hauptstadt, die nach dem Revolutionslied in eine neue Zeit drängte. Das Corps erschlug Eisner, der die neue glückliche Zeit verkündete, und viele Arbeiter, die der Verkündigung glaubten. Die Gräber der Soldaten auf den stillen Dorffriedhöfen sind mit Blumen geschmückt.

Das Land liebt seine Toten. Lange in einer Stadt, ist man als Bürger mitgegangen den letzten Gang. Das endgültige »zu Staub«, wenn im Krematorium der Vorhang vor dem Sarg fällt. Grablegung eines Dichters. Er schrieb einen Totentanz. Er rief: »Es ist ein Unglück in der Stadt.« Als die Erde auf seinen Sarg fiel, wußte man, daß er unter einem falschen Namen gelebt, sich eine phantastische Identität erdichtet hatte. Es wurde wieder ein Marquis von Keith beerdigt. Zu loben die Stadt, die solche Menschen duldet und nährt. Auf dem Weg vor diesem frischen Grab im Waldfriedhof sah ich die Ruhestätten der Geistlichen. Ein seltsames überirdisches Licht lag über den Kreuzen. Ich weiß nicht, wie sie das zaubern. Aber es blendet die Augen.

Ich bin in München geblieben. Eine Münchnerin aus Schwabing, aus Schwabinger Tradition der Neugier und des Nonkonformismus, wurde meine Gefährtin. Ich habe meine Bücher nach dem Krieg in München geschrieben. Vielleicht war es der Föhn, der mich antrieb, der vielbesungene bayerische Himmel, in dessen Licht ich durch das Siegestor ging, vielleicht der Schnee, durch den ich Albertus Magnus barfuß wandern sah, der selbst als Bischof von Regensburg mehr den Vaganten, den Chaoten von einst, zugeneigt war als der satten Selbstzufriedenheit in den

Mauern. Ich spüre die in München immer mögliche Berührung des Irdischen mit dem Überirdischen im Sinne des Novalis, diese kühne und gefährliche Vermählung von Materie und Geist, Unruhe und auch die Künste schaffend, die von der Unruhe leben.

Napoleon hat den Markusplatz in Venedig den schönsten Ballsaal Europas genannt. Ich möchte den Marienplatz in München ein anheimelndes Wohnzimmer heißen, die geräumige Diele eines stattlichen, einst großbürgerlichen, auf Ansehen und überkommene Sitte bedachten, jetzt freundlicheren, unbedrückten Hauses, offen für jedermann, auch für den Fremden, den Armen; den Wanderern, dem Unbehausten ein Ruheplatz. Leider oft den Seßhaften und Handeltreibenden ein Ärgernis.

Seit die Fußgängerzone geschaffen wurde, ein eigentlich unglaubliches Wort, das den Fußgänger in ein Getto schickt, von der Stadt eingerichtet gegen Ende des 20. Jahrhunderts, um den Menschen das Menschenrecht am Gebrauch ihrer Füße wiederzugeben, seit weiße Stühle, Symbole der Reinheit oder des Luxus, auf den Marienplatz gestellt wurden, unnötig, überflüssig, wie sich später zeigte, denn unter den Gästen bildeten sich bald Gruppen, Sympathiegemeinschaften, die sich gleich und keiner Konvention unterworfen auf das Pflaster setzten, in der Runde musizierten, sich unterhielten, miteinander spielten, selbst rangen oder sich einfach lang hinstreckten, auf einem Wandersack zu schlafen, zu träumen, der Liebe nah, seitdem sitze ich da an stillen Abenden, allein, ein Angesprochener, ein Beobachter, emigriert von den Verzückungen und Geschäften der Leopoldstraße, nicht länger verführbar von dem bunten Tausch, der Vermischung von Leben und Film.

Marienplatz, Hauptplatz des alten München, ein Topf voll Geschichte, ein Bewußtsein des Unaufhörlichen. Ich war, ich bin, ich werde sein. Türme blicken auf den Platz herab. Wenn alle ihre Glocken schlagen, baut noch einmal, vielleicht zum letztenmal, der mächtige Klang der Stadt die schöne christliche Vorstellung von der Einheit der Welt. Vor der Mariensäule beten die Gläubigen. Diese sind nicht auf Weltgewinn aus. Sie flehen um eine warme Stube, den Erhalt der Rente, ein menschliches Altersheim zu kleinen Preisen. Die Frommen sollten der beherrschende Mittelpunkt sein, sind aber leider nur eine graue Zelle. Sie rücken eng zusammen und verschließen sich beharrlich der neuen Lust des Ortes. Fast alle alte Frauen, gebeugt von einem schweren Leben und in Furcht und Zittern vor dem nahen Ende. Der Priester, der unter ihnen vor einem Lautsprechergerät steht, das er wie jeder Werbemann benutzt, vermag sie nicht zu trösten. Er weiß es. Ich hoffe, er leidet. Sein Gesicht ist noch unglücklicher als das seiner Schar. Ja, es stimmt traurig. Was ist hier geschehen? Wer, wenn nicht der Christ, sollte fröhlich sein? Wem ist mehr versprochen worden über den Tod hinaus?

Um die Mariensäule, um ihren Mythos, um die Gemeinde herum, lagert die Internationale der Jugend. Sie glaubt nichts, es sei denn an das Leben. Sie ist fröhlich. Sie hat kein Ziel, doch eine Gegenwart, die sie genießt.

Die Mariensäule, die Stadt, das Land, der Erdkreis wird beschützt von vier Engeln, vergnügten jungen Mädchen, in Erz gegossen, mit lieblichen bayerischen Kindergesichtern.

Sie tragen aber jeder einen Helm und schwingen Schwerter, lustig, spielerisch, was der Sache den Ernst nimmt und Hoffnung gibt. Nur der Glaube macht es leicht. So kämpfen die süßen Engel gegen die Dämonen der Pest, Hungersnot, Krieg und Ketzerei, die dargestellt sind als Viper, Baselisk, Löwe und Drache. Das kann man wohl nur kindlich tun. Vor Pest, Hungersnot und Krieg haben die kleinen Engel uns nicht bewahrt. Die Pest sprach vom Balkon des Rathauses, die Hungersnot war dick, der Krieg verloren und ein Heer tot. Allein gegen die Ketzerei in jeder, schon lange nicht mehr nur religiösen Gestalt fechten die hübschen Mädchen, die es nicht nötig hätten, noch immer Schildbürgersiege der Beschränkten. Die armen alten Frauen der Entbehrung sind ihre Fans. Warum?

Paris hat seine Clochards von alters her als eine urchristliche Sehenswürdigkeit der Stadt betrachtet. Eine Gabe Gottes, sich mildtätig zu zeigen. So haben Bettler und Trinker den geldbringenden Fremdenverkehr unterstützt. Vielleicht war Paris auch betroffen vom Wort Anatole France' und schämte sich, daß das Gesetz in seiner Erhabenheit Reichen wie Armen gleichermaßen verbietet, unter Brücken zu schlafen und Brot zu stehlen. Die Trinker, die Obdachlosen, neben mir, neben uns in Münchens guter Stube, sind sie nicht unsere Brüder, die im Wettlauf um das Goldene Kalb versagt haben, oder zu stolz waren zu laufen?

Ich sah eine junge Frau, sie trank noch aus einer viel zu großen Flasche, die sie gegen den Himmel reckte, dann sank sie um und wurde von ihren Freunden auf zwei der weißen Stühle gebettet und mit einer grünen Zeltplane zugedeckt. In dieser Handlung war eine wunderbare Zärtlichkeit. Das Gesicht der Ohnmächtigen erinnerte mich an das Antlitz des toten Kindes in der Wiege, ein Gemälde im Mauritshuis in Den Haag. Es ging beide Male um die menschliche Tragödie, den Ausdruck von Unschuld und Verwerfung.

Wem muß ich dankbar sein, dem Herz aus Stein, der Erfahrung der Weltbitternis, meinem Verleger, meinen Lesern, daß ich hinuntersteigen darf, wenn es dunkel wird hinter den Türmen, zur Nacht in den Ratskeller, der gute Bocksbeutel hat?

Ich beneide die Jugend. Meine war anders. Lagert und liebt euch auf den schönen Plätzen unserer alten Städte im Schatten ihrer ständig betrübten Geschichte. Laßt euch nicht verführen. Nutzt die Stunde, die euch gegeben ist, auf eure Art. Genießt euch, eure Schönheit, euer Verlangen. Hütet euch vor dem Retter. Die Retter sind grausame Fänger. Eine Stadt, ein Land, eine Generation, die ganze Menschheit, die gerettet werden soll, verliert die Menschenrechte und mit dem Wörterbuch des Unmenschen die Menschlichkeit, dazu die Anmut, den Tanz, die Liebe, die Freude, Jugend, Lebensmut und schließlich Gott, wenn es ihn geben sollte.

September 1982.
Der Sommer kommt spät, Temperaturen um die dreißig
Grad. Wer den Wind und den Regen schalt, stöhnt unter
der Hitze. München gibt sich gern als ein Kind des Südens.
Die Sonne schmeichelt der Stadt mehr als jeder anderen in
Deutschland. Über die Alpen kamen die Ideen, kamen die
Künste, stand der Glaube fest. Die barocke Seele machte
alles erträglich. Hauptstadt der Bewegung.

In Paris wohnt man rive gauche. Ich kam zum Leonrod-
platz, wohl im Krieg zerbombt, nie gesehen, eine neue
Architektur, gemäßigt modern, Zweckbauten für Arbeit,
Geschäft, notgedrungen Wohnen. Restaurants und Kaf-
feehäuser wie in Venedig. Stühle und Tische auf der Straße.
Palmen aus dem Kübel.

Das Institut für Zeitgeschichte in der Leonrodstraße erinnert mich an das Hygienische Institut der Universität
Greifswald aus dem Jahre 1924. In der weiträumigen Ein-
gangshalle saß eine Dame, die Besucher zu begrüßen oder
sie abzuwehren. Ich wünschte, noch ein Schüler, den Direktor zu sprechen. Der Direktor war ein international
anerkannter Wissenschaftler und in Greifswald an diesem
Tag die Person eines Skandals. Die Studenten hatten mit
Mütze, Band und Schläger dem Professor der Bakteriologie
am Vorabend einen Fackelzug der Verwerfung gegeben.
Die Greifswalder Zeitung berichtete, daß der Professor
Jude sei und mit den Studentinnen der Hygiene schlafe.

>»Wer bereitet den Raben die Speise,
> wenn seine Jungen zu Gott rufen und
> fliegen irre, wenn sie nicht zu
> essen haben?«
>
> *Das Buch Hiob*, 39,41.

Im Mittelmeer eine Insel, die Sardinien genannt wird.

Ich glaube es und zweifle. Das ist meine Stärke, die mich schwächt. Ich bin nicht in die Gegend gekommen, ich habe Sardinien nicht gesehen. Ein Zufall. Ein Versäumnis.

Ein ordentlicher Professor für Alte Geschichte, der Sardinien bis in die Mythen erforscht, hat mir aus Göttingen, seinem Lehrstuhl, eine Ansichtspostkarte mit einem blassen, grünlichen, welligen Abbild der Insel geschickt. Es ist deutlich die weite See zu erblicken, la Méditerranée, die mich Odysseus sein läßt, und hinten die Berge. Der Professor hat in Sardinien meiner mit einer Postkarte aus Göttingen gedacht. Er ist gebildet, was mich beschämt. Ich nehme die Erzeugnisse seines Kopfes an, ohne sie zu überprüfen. Es gibt Sardinien, und irgendwo habe ich mal gelesen, daß man sich vor Räubern hüten soll.

Mich belasten diese Fragen, seit ein Sarde mit mir in meiner Wohnung lebt. Der Sarde ist schwarz. Höllisch schwarz. So hätte das Volk ihn genannt, als das Volk noch Gott wohlgefällig war. Reißt mein Sarde den Rachen auf und zeigt die Zähne, ähnelt er den Teufelsköpfen als Wasserspeier in Chartres. Ich stand unten bei den Türmen, draußen vor der berühmten Tür. Das war alles. Der Sarde ist sehr schön. Er bewegt sich anmutig; über ihm liegt ein Glanz; er hat sanfte, braune Augen. Sein liebes Gesicht rührt mich tief. Diese Vorzüge haben ihn in frühester Kindheit heimatlos gemacht. Doch ist er anschmiegsam geblieben und zärtlich seine Zunge. Liebt er mich, oder hängt er mir nur an? An meiner Liebe zu ihm zweifle ich nicht.

Nach München war es ein langer Weg, verliert man sich nicht im Relativen. Bin ich denn in München angekommen, oder fürchte ich es nur? Für den Sarden war es zu weit, zu schwimmen und zu laufen. Auch mußten die Alpen überwunden werden und vorher der Apennin. Dieser besonders zaubert seit alters her eine romantische Natur, scheut man nicht die Gewalt, eine trutzige Kulisse, fühlt man sich zu Tragödien berufen. Hannibal, Luther, Kaiser Heinrich und andere irrende Schritte. Ich folge der Strecke im Atlas, der mir von der höheren Schule geblieben ist. Mein Sarde reiste in einem Sack. Woran erinnert er sich wohl? Cagliari, ich lese es im Lexikon, ist die Hauptstadt Sardiniens. Ein Hafen. Und sicher gibt es Straßen, Plätze, ein Municipio, eine Questura mit dem Gefängnis, das Denkmal Garibaldis, einige Palmen, Automobile, Verkehr und Öde. Hinter der Polis die Berge und Schluchten.

In gezähmter Wildnis, in einer Hütte lebt Mona Lisa. Sie schielt. Und ist mit einem Künstler liiert. Das ist ihr Pech. Sie schrumpfte durch das Gewicht des Künstlers auf ihr Schielen. Mein Sarde und ich könnten Mona Lisa im dürren Gehölz besuchen. Eine Versteppung in der unerbittlichen Sonne der alten Welt. Flimmerndes Licht, wo geschlagene Stämme noch den Raum zusammenhalten. Harzduft. Unsichtbar zirpende Grillen. Als Adler und

Schwan kam der Gott. Unsterbliche Elemente der Sage. Der Sarde und ich erwägen die Reise an faulen Abenden. Der Fluß im Gesträuch unter unsern Fenstern. Hilferufe der Vögel aus ihren Angstträumen. Schon leiden wir an der Zeit. Wir sollten aufbrechen, bevor Mona Lisa oder gar wir in die Jahre kommen. Vergänglichkeit drängt sich auf, lähmt die Entschlüsse. Werden Mutter und Sohn einander erkennen? Was würde es ihnen bringen? Und wie stände ich zwischen ihnen? Auch könnte Mona Lisa jung gestorben sein, elend oder sanft, verscharrt an ihrem Ort, von ihrem Künstler vergessen. Am Strand eine Wirtschaft und der Wein des Landes. Künstler trösten sich leicht, nehmen Lehm in die Hand, kneten Schönheit, wer sie angeschaut mit Augen. Ich denke Tag für Tag an den Tod. Im Bett liege ich schon im Sarg. Die Tour nach Sardinien wird ein zu oft verschobener Plan. Wie durfte ich den Sarden zu mir nehmen? Eine verschleppte Person! Die falschen Hoffnungen, die ich weckte.

Der Anfang in meiner Stadt, die nicht die meine, ist dunkel. Ich hörte was. Meine Stadt klatscht. Das rinnt mit der Isar vorbei. Ich halte mich raus. Der elegante Mikado erschreckte den grade angekommenen Gast, irgendwo, ich weiß nicht wo, ich kenne den herrschsüchtigen Mikado nicht, in Nymphenburg, beim Schloß der toten Könige, sprang zu ihm vom Schrank auf das Bett, wo er lag, lang hingestreckt, erschöpft von den Strapazen der Reise, unruhig atmend. Schwer schlug sein tapferes Herz. Der Charakter ist friedlich, gutwillig, freundlich. Das könnte ihn vernichten. Doch schützt ihn, was Christen, sprechen sie von sich, den Engel nennen. Er schien zu schlafen. Er stellte sich so. Das verblüffte Mikado als Verstoß gegen die Spielregeln des strengen Charles Darwin.

Tyrannen wünschen Gleichgesinnte. Der junge Sarde kam in die Zeitung: kleiner, schwarzer Wachhund aus Sardinien zu verschenken. Nein, ich lese diese Anzeigen nicht. Ich suchte keinen Wachhund. Ich wache selbst. Doch bin ich nicht zufrieden. Ich wandere nachts. Eine Versuchung für jeden. Bei Mikado meldete sich ein Mann. Der fürchtete seine Frau. Ein Wachhund, dachte er, könne ihn bewachen. Ein Gebiß die Bissige in Schranken halten. Klytämnestra war ihm unbekannt, aber ein Beil war im Haus. Er band den Sarden an einen Strick, schleifte ihn hinter sich her. Wie leicht gerät man in fremdes Unglück. Der Mann stand in der Nacht auf dem Marienplatz, aus der Wohnung gejagt, obdachlos, betrunken. Klytämnestra hatte gesiegt. Kein Glockenspiel des Mittags vom Rathausturm. Die Schäffler tanzen nicht. Ich guck sowieso nicht hin. Der Mann schob einen Kinderwagen, ein altes Stück. Im Gerümpel ruhte der Sarde, lag zwischen geleerten und noch vollen Bierflaschen der berühmten Brauereien. Wieder tat er, als schliefe er. Der Mann stand schwankend auf seinen Beinen, mit seinem Weib gestraft.

Der Sarde kam zu mir. Darf ich sagen, es schlug die Mitternacht? Der Glanz alter Geschichten. Er kam in meinen Arm, fast ein Geschenk. Ich bürgerte ihn ein mit Impfpaß und Steuermarke des Freistaates Bayern. Ich kaufte ihm eine lange Leine, Symbol der Gefangenschaft, ein Brustgeschirr, wie es die Hunde der Polarforscher getragen haben, bevor sie alle erfroren, im Schnee versanken, und ich knüpfte ihm meinen Namen um, meine Adresse und Telefonnummer, meine kleine Existenz und die Hoffnung, erreicht zu werden in der Gefahr. Die alte Wollust aus der großen Kälte.

Er lief nicht fort, er war ja weggetragen worden; doch bleibt er ein Fremdling. Es ist sein Fell, das ihn verrät. Oder eine Witterung. Oder mein Geruch, der sich auf ihn übertragen hat. Sie mögen fremde Hunde an der Isar nicht. Wie sieht er nur aus, rufen sie. So schwarz! Wo kommt er bloß her? Ein Neger? Und es offenbarte sich mir, daß es eine sehr vornehme Hundegesellschaft war, in der ich zu unbekümmert Quartier genommen hatte und plötzlich mitspielen wollte unter den Hunden. Meine Nächsten waren Herren und Damen mit pompösen, hocharistokratischen Namen, Edler von den Nibelungen, Diana von der Blutenburg, ich lernte sie alle kennen, sie beschnupperten nicht nur den Sarden, auch mich, rümpften die hochgezüchteten Nasen, sie hatten Stammbaum und Ahnenpaß und eine Erlaubnis, sich zu paaren, die wir nie erlangen werden, manche trugen ein Halsband mit Edelsteinen, und ihre eingebildeten Besitzer zwangen mich in die Knie mit der maliziösen Frage nach unserer Rasse. So schwarz? Ein Labrador? Aber keine Schwimmhäute zwischen den Zehen. Welch scharfer Blick, gnädige Frau. Ein Dobermann aus deutschem Zwinger? Zu freundlich, lieber Herr, wir schnappen zu. Sardinien? Die smaragdene Küste der Werbung, nackt unter uns an abgesperrten Stränden. In welcher Branche arbeitet Odysseus? Kein Schwarzer im Strand-Club. Und wieder muß ich zweifeln: gibt es Sardinien?

Ich kontrolliere mein Gesicht in einem vergrößernden Spiegel, der am Fensterkreuz an einem Nagel hängt. Ich sehe Gräben eingerillt in meine Haut, und unter mir, immer wieder, den Fluß, die Isar. Welche Stempel waren auf meiner Stirn zu entziffern? Das Visum konnte abgelaufen, die Aufenthaltserlaubnis entzogen sein. Im Isartal reger Verkehr. Die alten Reisen über Land und Meer. Möwen, Wildenten, Graugänse, im Wasser die Arten, deren Namen ich vergessen habe. Kaum eines allein. Wer schreibt die Nachrichten aus der Gesellschaft? Eine Weltgeschichte aus der Vogelschau. Sie fliegen in Formationen, Schutzgemeinschaften und Kampfstaffeln. Sturzflüge, Erinnerungen, die mich in Träumen quälen. Auf einmal brennt die Stadt.

Viermal am Tag Aufbruch und Heimkehr. Wir gehen einsame Wege. Forschen in der Wildnis. Zum Flußmeisterhaus. Es ist verlassen. Niemand mißt mehr den Pegel der Flut. Sie fühlen sich sicher. Noah vergißt wieder seine Arche. Ohne den Sarden kam ich nicht her. Kannte keinen am Wasser. Der Sarde ist nicht zu erschöpfen, holt, was so treibt, aus dem Strom, bringt es mir, wirft es mir hin, mach was draus, während ich mich unfähig fühle, das Glück zu packen. Der Wind weht dem Winter zu.

Freunde. Wir haben Freunde. Sie warten auf uns in den kahlen Ästen. Im laublosen Gesträuch. Auf gefrorenem Boden. Eis splittert unter unserm Tritt. Sie kommen uns entgegen. Raben. Vorher nie gesehen. Schwarz wie der Sarde. Sie fassen Zutrauen. Umfliegen uns mit schweren Flügelschlägen. Es ist nicht die Stelle, wo Möwen und Enten gefüttert werden. Die Raben hungern. Die Menschen mögen die Raben nicht. Der Sarde schaut die Raben ruhig an. Er bleibt stehen. Wir warten. Blicke und Gesten der Freundschaft. Die Raben rücken näher.

Ich bringe den Raben Speise, stelle mich der bohrenden Frage des Hiob. Ich röste Kleie in der Pfanne, zerschneide Fett, breche Brot, fülle Rosinen zu, erkundige mich bei der Vogelwarte in Garmisch, die unwillig Auskunft gibt, was Raben mögen.

Alles in breite Tüten getan. Supermarkttaschen der Hausfrauen. Beladen schwanken sie zurück in ihr Nest, gebannt an die Steine der Straßen, füttern die Brut, bestätigt vom Fernsehen am Abend. Von der Kennedy-Brücke schimpfen die Möwen. Hinter ihnen der Nebelstau des Morgens. Bleiche Schwaden. Stand es bei Dante? Schwarz die Raben, die am Ufer warten. Schwarz der Sarde. Ich hatte mich unversehens geistlich angezogen: schwarz mein Mantel, schwarz der Sweater, die Mütze. Es ist kalt, und wir bewegen uns etwas steif in der Suppe. Ich säe Samen aus. Das Bild des Sämanns in der Schule an der Wand der ABC-Klasse. Meine Hand, die sorgt. Der Bruder des Sämanns trägt die Sense. Das war ein anderes Bild. Nun ein flatterndes schwarzes Feld. In Sekunden ist alles vertilgt. Gekrächze und Dank aus unsichtbarem Himmel.

Anderes Volk. Auf einer verlassenen Bank des Sommers ein Greis. Eingehüllt in eine Decke, wie sie die Möbeltransporteure zur Schonung der Politur unserer kostbaren Antiquitäten haben. Tote Schlagzeilen zerknitterter Zeitungen. Er schlief in seiner Christnacht, hatte Narwik erobert und Stalingrad verloren, gefesselt wegen Feigheit vor dem Feind, zurückgetreten in die Schar der gewöhnlichen Feiglinge, nicht angenommen von den Tüchtigen, abgewandt von der Wiederholung des Bösen. Ich eilte zum feinen Delikatessenladen des jenseitigen Ufers, kaufte Burgunderwein aus dem Spital von Beaune, Holsteinerschinken, den ich gern aß, Kuchen, ließ es in des teuren Ladens Beutel packen, hing ihn leise über die Lehne der Bank des Obdachlosen. Schämte mich. Die Nacht fror ich. Fror in meinem Bett, fror in dem warmen Zimmer. Genoß das Licht der Lampe nicht, nicht das Buch. Der Sarde kam und wärmte mir den Rücken. Am Morgen war nur Reif auf der Bank des Sommers. Kein Greis, kein Tragbeutel, kein Wein.

Dann kam das Mädchen. Sie trug die junge Kleidung, die ich entbehrte, als ich jung war. Sie starrte in den Fluß, merkte uns nicht, bis der Sarde sie begrüßte, zärtlich ihr Knie. Sie sah nach Konfetti aus; aber ich weiß nicht, ob es die Zeit für Konfetti war. Irgendwelche Sterne in ihrem Haar. Die Augen abgebrannte Lichter eines Festes. Für heute fertig mit der Welt. Sie fragte, hast du eine Zigarette. Ich fühlte Glück, weil sie mich duzte. Das war mir lange nicht geschehen. Ich deutete auf meine Tragtasche mit dem Vogelfutter und eiferte, ich müsse die Raben speisen. Erst dann würde ich laufen und Zigaretten holen. Ich mag das Rauchen nicht. Nicht diese allzu gewöhnliche Selbstbefriedigung. Ich enttäuschte sie. Wieder war nur der Fluß, seine stete Strömung vor ihrem Blick.

Ich fand das Mädchen nicht wieder, der ich gefällig sein wollte, als ich kam, die Schachtel Zigaretten in der vom Zigarettenautomaten verwundeten, blutenden, im Frost erstarrten Hand. Ich hatte dem Automaten nicht zu befehlen vermocht, seine Sprache nicht gesprochen, seine Zeichen nicht verstanden, und er war mir unsymphathisch, wütend gegen das scharfkantige Blech geschlagen. Es war mein verdammter Hochmut, nicht zu rauchen. Ich sah nun allein das Wasser, lößfarben, gletscherkalt, maulauf rann es von den Bergen, störrisch aus mir fremden Alpen durch die Stadt. Ich dachte an Georg von der Vring. Altersbedrückt ging er am Stock in die Bayerische Akademie der Schönen Künste, die fliehende Hand am schwerhörenden Kopf. Ein Satz von Carl J. Burckhardt, eben gelesen: Lebensenden sind schwer. Burckhardt war ein Begünstigter, sah über den Genfer See, vom eigenen Weingut aus. Georg von der Vring tauchte arm in den Fluß; Wasser lief in die tauben Ohren. Mir erschien Louis Clappier, der Gefangene der Festung Königsberg, der, befreit, deutsche Literatur nach Frankreich brachte und sich in die Seine. Ihrem Bett und Geheimnis vermählte sich Paul Celan, er selbst ein Traum unter den Brücken. Ich gedachte der Virginia Woolf, einer Lady, nicht Ophelia schön wie Schnee, und die schmutzige Ebbe und Flut in der Stadt London. Die Isar, glaube ich, fließt mit der Donau ins Schwarze Meer, den Pontus Euxinus, das gastfreundliche Meer der Antike, himmelsblau sah ich's noch vor russischen Schlössern. Am Strand von Warna Büroarbeiter aus den Kanzleien mit den blanken Computern in meiner hochangesehenen Straße. Das Gesicht ganz und gar einer feindlichen Sonne zugewandt. Bei Konstanza vergiftet Schwefelwasserstoff den Pool.

Im Verdämmern, im Verdämmern des Tags. Ich suchte am Fluß, suchte im Wasser. Der Sarde brachte Flußgut die Böschung hoch. Da erschien der Mann, schwankend, eine fallende Wolke, die stank. Funken aus seiner Hand: der unheimliche Elektromann des Jahrmarkts von einst. Kraut-

An der Isar-Brücke »Schwaben«

brand und Rauch. Er schob die Glut seiner Zigarette gegen meinen Mantel, zielte gegen seine ausgefransten Knopflöcher. Er brannte die hängenden Fäden ab. Ein ordentlicher Mensch. Wohl kameradschaftlich gemeint. Haben Sie eine Mark für mich? Er stand vor mir, wurde ein irrer Schatten, vom Bier, dem Wind, der Nacht geschüttelt. Ich sagte, gern, und das brach ihm das Herz. Wirklich, Zerstörung klirrte in seiner Brust. Sie sagen gern, schrie er und reckte sich noch höher, flog fast in die Luft, die Hölle war unten und oben, Sie geben mir gern eine Mark? Dann geben Sie mir doch zwei, drei, geben Sie mehr, mehr, mehr! Alles! Was Sie haben, was Sie besitzen, Ihr Erspartes, Ihr Beiseitegebrachtes, das Mitgestohlene, du Rentner. Und mich bedrängend, den veraasten Leib gegen mich pressend, am Mantel zerrend, in finsterer Gärung rief er, du hast ja Geld, hast Geld, Geld!

Oben, auf der Straße der reichen Anwohner, dort, wo ich hause und nicht zuhause, da, wo ich registriert, aber nicht zu fassen bin, der Lautsprecher eines Polizeiwagens: Gesucht wird ein alter Schauspieler. Er irrt, begleitet von einem schwarzen Hund, durch die Isarauen. Stoßt ihn von den Stelzen. Brennt die Schminke von seinem Gesicht. Stopft ihm das Maul. Entlarvt den alten Verführer.

Der Sarde, schwarz, höllenschwarz, schaut treuherzig, fühlt sich nicht angesprochen.

Der Fluß, in den der Dichter gegangen ist, der Fluß und seine schwarze Tiefe, der Fluß und sein Silberschein, der Fluß und sein grünes Flimmern.

Das Eis auf dem Fluß, das Eisbett, das eisige Wasser, das Wasser der Gletscher, das Wasser des Schnees, das waschpulverblaue Wasser des Speichersees.

Das Wasser, in dem die Knaben ertranken, nackt und verfroren und zu mutig im April, in das sie einbrachen, erhitzt, die Krone auf dem Haar, am Dreikönigstag.

Die Studenten brachten die fremden Soldaten mit, die fremden Soldaten luden die Mädchen ein, die Mädchen schleppten das Bier in festen Gebinden auf die Geröllinsel mitten im Fluß.

Unter der Sonne am Mittag ohne Mittag der Kontorist und die Kontoristin am Fluß Hand in Hand und ihr Traum von einem Marathonschwimmen unter alle Brücken über alle Wehre in den Donaustrom durch das Eiserne Tor zum Schwarzen Meer zum Strand von Mamaia: gewählt werden Miß und Mister Pontus Euxinus. Das Haus der Versicherungsgesellschaft ist am Mittag ein Konservenglas voll reinstem Neonlicht. Die Büromaschinen, in der Pause sich selbst überlassen, glänzen in großer Freude: kein Kontorist, keine Kontoristin, nicht dieser Gestank. Ach, käme doch die Flut!

Die Männer lagen im Gras und im Schmutz, der ihnen angetan war, die Frauen lagen im Gras und im Schmutz, der auch ihnen angetan war, Männer und Frauen lagen in

Lumpen auf nassem Papier, die Alten hörten den Fluß nicht mehr, die Irren sprachen kein Wort zu dem Wasser, die Flaschen ruhten leer, der Wermut war ausgetrunken.

Der Aussatz im Wasser der Badeplätze dieses Sommers.

Das kranke Wasser der Gemeinde des Herrn.

Das giftige Wasser des Fleißes.

Der Flügelschlag der Möwen.

Der Flug der Wildgänse von Norden und dem Norden zu.

Der Fluß, an dem ich wohne, der Fluß, zu dem ich hinuntergehe, das Wasser, über das ich mich beuge, das Wasser, in dem ich mich finde, das Wasser, in dem ich mich suche, das Wasser vor meinem Haus, der Fluß vor meinem Fenster, ich lehne mich weit hinaus, ich halte mein Gleichgewicht.

Das ist ein sehr altes Haus, da wurde vorgefahren, da hielten Kutschen vor dem Haus, da ist noch das Schild »Aufgang nur für Herrschaften«, verrostet, da wurden Feste gefeiert, da wurde zur Nacht gespeist, da wurde zur Gala empfangen, da kamen sie in Fräcken bis zu den Fersen, da hatten sie die Schärpe um, da trugen sie die Krone im Haar, die Sängerin sang, sie hatten der Primadonna die Pferde ausgespannt, der Applaus zog die Kalesche, Fackeln verzischten im Fluß, es mußten Herrschaften sterben, einige starben, damit ich einziehen konnte in das Haus, und ich wohne noch unter Herrschaften, über mir und unter mir und neben mir Herrschaften, die sterben werden, lange schon Verurteilte, die in ihren geräumigen Zellen sitzen und auf die Vollstreckung warten, ich wohne wie sie in großen hohen Räumen, der Stuck der hohen Decke zeigt Schwäne und Paradiesvögel und Orpheus mit der Leier und den Pegasus gestutzt und die Göttin des Glücks, da drin oder vorragend ein Haken für den Galgenstrick oder den Kronleuchter, aus Kristall einmal, mit Kerzen wohl versehen und funkelnd und leise klirrend, wenn das alte Parkett, von alten Dienerinnen mit altem Wachs eingerieben, unter dem Lackschuh knarrte oder unter dem Reitstiefel, wenn eine Tür zugeworfen wurde, für immer geschlossen, das Kristall ist zerbrochen, der Kronleuchter meiner Wohnung liegt auf dem Müll, doch über und unter und neben mir schwingt er noch in den Zimmern, gibt Licht der Dunkelheit, ohne Kerzen zwar, mit einer elektrischen Birne von vierzig Kerzen, zu schwach, zu wenig Licht für das graue Haar.

Ich blicke auf den Fluß, schaue auf das Wasser, ich sehe das Wasser, auch wenn es dunkel ist.

Der Baron wird hineingehen in den Fluß, die Baronin wird untertauchen in das Wasser, ihr Kind werden ihr die Wellen nehmen. Der Professor wird in den Fluß gehen, er wird vergessen werden, wie er vergessen ist. Der reiche Kaufmann wird das Wasser des Flusses trinken; seine Firma ist schon gestrichen.

Die Sängerin singt die Arie »An den Abendstern«, die Sängerin hat ihre Stimme verloren, sie hat ihre Stimme der alten Zeit gegeben, ich höre ihrer Stimme Jubel, das dringt kräftig durch die alten Mauern, die Sängerin steht allein in der Nacht, der Abendstern, Venus strahlt, das alte Grammophon, sein Messing leuchtet wie der Mond, die alte Platte dreht sich, die alte Grammophonnadel näht den

Takt, die Sängerin singt die Arie »An den Abendstern«, sie sitzt in einem alten Lehnsessel, zierlich und grau, sie sitzt in ihrem hohen großen Zimmer, sie sitzt vor einem prächtigen schwarzen Flügel, der zugeklappt ist und schweigt, auf dem eine Decke liegt mit Fransen und den eingestickten Namen der großen berühmten Arien der Sängerin, und Bilder stehen auf dem Flügel und zeigen die Sängerin im Kostüm ihrer großen berühmten Rollen, und viele Lieder schallen durch den großen Raum, und die Sängerin sitzt und lauscht ihrer Stimme auf der alten Platte, hört ihrer Arie »An den Abendstern« zu, und ich höre ihr zu, der Abendstern steht über dem Haus, scheint in ihr hohes großes Fenster, scheint in mein hohes großes Fenster, fällt in den Fluß, und die Sängerin wird in den Fluß hineingehen und weggetragen werden und vergessen sein.

Und ich am Fenster, schon halb aus dem Fenster, schon im Fall auf den Fluß, in der Nacht, unter dem Abendstern, unter dem Schrei der Möwen, unter dem Flug der Wildgänse, horchend auf das Wort des Dichters aus dem Wasser, aus dem Fluß. Mit welcher Hoffnung?

Tasso stand hinter einem Mansardenfenster in einem Hotel in München. Das Zimmer war klein, es war das billigste Zimmer. Der Morgen graute, herbeigesehnt und gefürchtet. München lag vor ihm, der alte Kern der Stadt, wiederaufgebaut, nach den Bomben, die gefallen waren, die Dächer erzählten es schon nicht mehr.

Die schweren Türme der Frauenkirche mit zwei Schneemützen, eine Weihnachtspostkarte. Es war Weihnachten, der Weihnachtsmorgen, die Glocken läuteten das Fest ein. Er sah sich selbst vor dem Fenster des Hotels in einer Totale der Stadt durch den Schnee zur Kirche gehen. Er war Albertus Magnus, Kleriker, Mönch in einem Bettelorden, Bischof irgendwo, wo er nicht sein wollte, in die braune Kutte gehüllt, barfuß noch im Schnee. Ihn befriedigte es, sich so zu sehen, Kälte war für ihn ein lieber Teufel, Frost die Lust, Schnee die süße Sünde der Verführung. Albertus glaubte an Gott und mied den Beichtstuhl als eine Institution der Kirche, an die er nicht glaubte. Dort hätte er sitzen sollen als Priester, versehen mit der Macht der Weihen, dem Sünder das Bekenntnis abzunehmen, die Reue zu fordern und zu wägen, den Sünder loszusprechen, was allgemein schon geschehen war. Er glaubte an Gott, der ein Märchen war, von dem er nicht lassen wollte in einer trüben Welt.

Ich zog die Vorhänge auf und sah auf die Turmkronen des Doms von München. Sie hatten Schneemützen aufgesetzt. Eine frostige Sonne glitzerte kalt in unerkennbarer

Höhe. Der Schnee ruhte auf allen Dächern. Er paßte nicht in die Zeit. Er machte die Stadt alt, warf sie Jahrhunderte zurück in die Vergangenheit, da Gott noch lebte, seine Anschrift bekannt war und die Frömmigkeit die hohen Gotteshäuser baute, um Gott überall Wohnung zu geben auf Erden. Ich stand hinter einem großen Fenster, das das Zimmer, in dem ich diese Nacht geschlafen hatte, zu einem Atelierraum machte. Ich hätte hier Menschen schaffen können, gemalt, aus Lehm, aus Marmor oder aus Stein gehauen. Ich wußte, wo ich war. Im Neubau des Hotels Drei Löwen, dicht beim Bahnhof, im obersten Stock, erstaunlicher Blick auf die Innenstadt.

Ich war gestern abend angekommen, nein, ich war abgereist. Ich hatte meine Wohnung verlassen, eine Tür abgeschlossen, im Bett lag eine Tote. Der Vortrag über Albertus Magnus. Der Redner war Minister, Vorsitzender aller Katholiken in der Bundesrepublik. Was die Zeitungen über ihn schrieben, war ärgerlich. Ich saß in einem Saal der Akademie und hörte ihm zu. Nicht dem Minister, nicht dem katholischen Funktionär, nicht dem Beschützer einer Schule für die Kinder der Besitzenden, ich mochte ihn, ein Mann, der gebildet war, der mit sanfter Stimme Lateinisch sprach und zu meiner Überraschung durch das alte intakte Universum als ein Armer ging. Sonne, Mond und Sterne wanderten um die Erde, drehten sich für ihn nach alter Weise um ihn.

Ja, ich sah ihn, jetzt, an diesem Frostmorgen, vor diesem Hotelneubau in München, in den ich geflohen war, um meinem Versagen nicht ausgesetzt zu sein, sah ich ihn barfuß im Schnee, einen Scholar in einer Kutte, geflickt, un-

Englischer Garten

rein, oder als Bischof, der Bischof geworden war, um sein
aufrührerisches Denken vor anderen Bischöfen zu schüt-
zen, in einem geistlichen Kleid, das der Eleganz nicht entbehrte und hoffähig war, es gab so viele Höfe und Leute,
die sich für allmächtig hielten, auf einem Thron, der schon
morsch war oder angesägt oder auf einer Bombe balan-
cierte, also, er ging durch die Fußgängerzone in München
an diesem Morgen, raffte die Kutte zusammen vor dem
Wind, hatte zwei Hunde bei sich, die zitterten vor Hunger
und Kälte, stellten sich in den Eingang des Warenhauses.
Aus den Sprossen des Bodens kamen die Wärme der Hei-
zung, lud ein, einzutreten und zu verweilen, zu kaufen, was
man nicht brauchte, das Geld auszugeben, das sie erworben hatten nach altem Bibelfluch im Schweiße deines An-
gesichts, und er deutete auf die Hunde, sagte, gebt uns was,
wir haben nicht Essen, nicht Wohnung, und einer stand da
mit Pelzmütze und gutem Mantel und sagte, seht, da ist
einer, der mit seinen Tieren auf unsere Kosten leben will,
sicher bekommt er Sozialhilfe, holt sie sich vom Amt
jede Woche, und wir, die Steuerzahler, sind wieder mal die
Dummen.

Die Hand schreibt. Es klärt auf. Ich gehe in den Widerstand. Eine elektronische Schreibmaschine kommt auf den Tisch. Es gelingt mir, ihre Launen zu beherrschen. Kein verlorenes Leben. Wenn ich wollte, könnte ich einen Brief an den Minister schreiben. Ich gehe auf den Balkon und überschaue das liebliche Isartal. Vor meinem Haus die Automobile des Wohlstands. Der Fluß ist vereist. Es weht ein kalter Wind. Schnee, zuweilen Donner. In der Unterführung von der Straße zum Wasser schläft Nacht für Nacht ein alter Herr. Er ist der ordentlichste Mensch meiner Beobachtung. Er macht sich jeden Tag auf den kalten Steinen ein sauberes Bett. Morgens verpackt er das Bettzeug in blaue Plastiksäcke und läßt es in der Unterführung stehen. Um 5.00 Uhr gegen Abend macht er wieder sein Bett und legt sich hin. Vorbei laufen an seinem Lager die Hunde und die Menschen. Er hat eine Decke über seinen Kopf gezogen. Die Hunde und die Menschen frieren. Der Schläfer will nicht gestört werden. Er lehnt jedes Gespräch ab. Er lehnt jede Hilfe ab. Was mag hinter ihm liegen? Die reichen Anwohner der Straße sind tolerant. Der Clochard, wie sie ihn mit einem leichten Vergnügen der Erinnerung an Paris nennen, tut ihnen ja nichts, stört sie nicht in ihrem Lebensbehagen. Aber andere, arme Leute, pißten in sein Bett, gossen Benzin nach und zündeten es an.

Aufgang zum Friedensengel

Die Münchner nennen ihn den Friedensengel. Sie schmeicheln ihm. Sie lieben den Frieden. Das ist die Gemütlichkeit der Stadt. Der Engel ist aber tückisch. Die Römer nannten ihn die Siegesgöttin. Viktoria. Ich mag keine Sieger. Ich mag auch keine Verlierer. Ich hasse den Krieg.

Der Friedensengel

Ich bin 1945 in München geblieben, weil mein Berlin schon 1933 untergegangen war. Ich liebte die schönste junge Münchnerin, die ihre Stadt München liebte. So sah ich München mit ihren Augen, die Legende vom alten Schwabing, die Künstlerfreiheit, schon nächsten Winter feierte man in zerbombten Sälen frierend und mit giftigem Alkohol den alten Fasching. Später nannte ich München die Stadt der bürgerlichen Saturnalien. Diese waren in Rom das Fest der ausgesäten Wintersaat, dem Gott Saturn geweiht und der Hoffnung auf Brot und Spiele. Mit den Jahren ist München weltstädtisch geworden, gerade ein bißchen. Die bürgerliche Gesellschaft ist in Parteien und Cliquen zerfallen, eine neue Ständewirtschaft. Keine Lokale für jedermann, sondern für besondere. Vor vielen Türen steht ein Türsteher. Er prüft dein Gesicht und deinen Anzug. Du mußt dazugehören. Du mußt zwanzig oder vierzig, sechzig oder achtzig Jahre alt sein. Dann darfst du tanzen und, wenn du's bezahlen kannst, Gourmet sein. Es gibt also immer was, worauf du dich freuen kannst. Deshalb bin ich gern hier.

Nachweise und Anmerkungen

München oder Die bürgerlichen Saturnalien (S. 15-49). 1959. Der Text erscheint hier erstmals nach dem vollständigen Originalmanuskript aus dem Nachlaß, das für den Erstdruck (»Jahresring 1959/60«, Stuttgart 1959) um etwa ein Drittel gekürzt wurde. Diese veränderte Fassung findet sich auch in Wolfgang Koeppen: »Gesammelte Werke«. Frankfurt am Main 1986, Band 5, S. 117-131.

In der berühmtesten Schwemme der Stadt: das Erdgeschoß des Hofbräuhauses.

River-Kwai-Takt: englischer Militärmarsch, bekannt durch den Film »The Bridge on the River Kwai«, 1957.

Loggia dei Lanzi: Renaissance-Halle in Florenz.

Ich war der arme Poet: Carl Spitzwegs Gemälde mit dem liebevoll kühl detaillierten Blick auf den in dürftiger Behausung unter einem Regenschirm im Bett sitzenden mittellosen Schöngeist, dessen über dem Daumen gekrümmter Zeigefinger der rechten Hand je nach interpretatorischem Horizont als Verse skandierend oder als Läuse knakkend gesehen werden kann.

Der König: Ludwig II. von Bayern.

Ich half Max und Moritz: Wilhelm Buschs populärste Bildgeschichte entstand 1863/64 in München und wurde dort 1865 erstmals veröffentlicht.

Ich studierte den »Simplicissimus« und die »Jugend«: das Satireblatt und das Lifestyle-Magazin, die am weitesten verbreiteten Münchner Zeitschriften der ersten Hälfte des 20. Jahrhunderts.

Seine Majestät: Wilhelm II., Deutscher Kaiser und König von Preußen.

Ich feierte mit Stefan George den Kult des schönen Maximin: die pompöse Theatralik, die der Dichter kurz nach der Jahrhundertwende in München um den sehr jungen, sexuell noch mehr als literarisch begabten Maximilian Kronberger, genannt »Maximin«, veranstaltete.

Ich saß mit Ibsen im Café: der Dramatiker Henrik Ibsen lebte von 1875 bis 1891 in München, er war Stammgast im »Café Maximilian«.

Franziska Reventlow: die Schriftstellerin Fanny Gräfin zu Reventlow, eine Zentralfigur der Münchner Bohème vor dem Ersten Weltkrieg. Von ihr stammen die Bezeichnung »Wahnmoching« für Schwabing und die Erkenntnis, Schwabing sei »kein Ort, sondern ein Zustand«.

Die Elf Scharfrichter: das im April 1901 auf dem Fechtboden des Gasthauses »Zum Hirschen« in der Türkenstraße 28 gegründete literarische Kabarett, das zunächst aus elf, später aus dreißig Mitgliedern bestand.

Wedekind predigte des Frühlings Erwachen: Frank Wedekinds »Frühlings Erwachen«, 1891, eine »Kindertragödie« über Gymnasiasten-Pubertät.

Der Marquis von Keith prellte die alte Gesellschaft: Wedekinds Schauspiel »Der Marquis von Keith«, 1901, »Münchner Szenen« um einen betrügerischen Hochstapler.

Der Blaue Reiter: Münchner Vereinigung von Malern des Expressionismus vor dem Ersten Weltkrieg, ihre Programmschrift erschien 1912.

Thomas Mann ließ München leuchten: Anspielung auf das wohl berühmteste Wort über die Isar-Metropole, den ersten Satz der Novelle »Gladius Dei«, 1903: »München leuchtete.«

Heinrich Mann wollte die Republik erhellen: mit seinen politisch engagierten Romanen und Novellen, in denen er die deutsche Bürgergesellschaft der Wilhelminischen und der Weimarianischen Ära vehement kritisierte.

Die schwarzen Hefte des »Jüngsten Tags«: »Der Jüngste Tag«, eine Reihe des Kurt-Wolff-Verlags mit avantgardistischen Texten.

Ernst Toller verteidigte die Wandlung und sprach im Zuchthaus mit den Schwalben: das Drama »Die Wandlung. Das Ringen eines Menschen«, 1919, und der Gedichtband »Das Schwalbenbuch«, 1924, entstanden im Festungsgefängnis Niederschönenfeld während der fünf Jahre Haft, zu denen Toller nach dem Ende der bayerischen Räterepublik verurteilt wurde.

Das Braune Haus: die Zentrale der NSDAP in München, der »Hauptstadt der Bewegung«.

Erika Manns Pfeffermühle: das im Januar 1933 in München gegründete, im März 1933 emigrierte politische Kabarett, dessen Programm die Warnung vor dem Nationalsozialismus war.

Eugen Gottlob Winkler: er nahm sich 1936 fünfundzwanzigjährig das Leben. Im Manuskript schrieb Koeppen irrtümlich »Johann Gottlieb Winkler«, so auch im Erstdruck und in »Gesammelte Werke«.

Die Weiße Rose blühte, starb mutig unter dem Beil: die Widerstandsgruppe an der Münchner Universität, deren Mitglieder, unter anderen der Professor Kurt Huber und die Studenten Hans Scholl und Sophie Scholl, 1943 in Stadelheim hingerichtet wurden.

Die an die Stelle einer Sehenswürdigkeit mitten im Stadtzentrum gesetzte Bedürfnisanstalt: 1957 wurde im Zuge einer Straßenverbreiterung der kriegsbeschädigte Stachus-Kiosk, in dem schon immer eine öffentliche Toilette untergebracht war, teilweise abgebrochen und umgebaut. Ab 1966, bei der großen Stachus-Umgestaltung, folgte dann der endgültige Abbruch des Kiosks. Seit 1972 steht an seiner Stelle der von Bernhard Winkler entworfene Stachusbrunnen.

Ignatius von Loyola, der *Don Juan* und der *Heilige:* der Gründer der Societas Jesu (ab 1537) vor und nach seiner mystischen Bekehrung.

Der älteste Bierausschank der Gemeinde: gemeint ist der »Donisl«.

Musica viva: eine Konzertreihe des Bayerischen Rundfunks mit Aufführungen zeitgenössischer und avantgardistischer Musik.

Possart: Ernst von Possart, Schauspieler und Regisseur, von 1893 bis 1905 Generaldirektor und Intendant des Münchner Hoftheaters.

Kortner: Fritz Kortner, Schauspieler und Regisseur, nach 1945 in München; die hier angesprochene Inszenierung ist die der »Räuber« von Friedrich Schiller.

Wirtschaft zur Seerose: das Ende der achtziger Jahre geschlossene Schwabinger Künstlerlokal »Gasthaus zur Seerose« in der Feilitzschstraße 32, Namensgeber für den »Seerosenpreis«, der heute noch vergeben wird.

Bele Bachem-Stühle: Drahtgeflechtstühle nach Entwürfen der Malerin, Zeichnerin und Stylistin Bele Bachem (Renate Gabriele Böhmer), die mit Koeppens Ehefrau Marion befreundet war.

Wie von Conrad Ferdinand Meyer: sein Gedicht »Der römische Brunnen«: »Auf steigt der Strahl, und fallend gießt / Er voll der Marmorschale Rund, / Die, sich verschleiernd, überfließt / In einer zweiten Schale Grund; / die zweite gibt, sie wird zu reich, / Der dritten wallend ihre Flut, / Und jede nimmt und gibt zugleich / Und strömt und ruht.«

Einst verkündigte Wölfflin in diesem Hause […] die Schönheit: der Kunsthistoriker Heinrich Wölfflin, von 1912 bis 1924 Professor in München.

Des Hilfsstraßenbahnschienenreinigers Witwe: irgendwie muß Koeppen, sonst eher weniger dem Publikum der Münchner Volkssänger zuzurechnen, von Ida Schumachers Couplet über die »Trambahnritzenreinigungsfrau« gehört haben.

Sybille (S. 50 f.). Um 1932/33. Undatiertes Autograph im Nachlaß. Titelentwürfe: »Ein Ausflug, der nicht war«, »Fürstenfeldbruck oder Die unbesehene Heimat«, »Fürstenfeldbruck oder Der gefangene Mond«. Titel vom Herausgeber.
In abgeschlossener Luft zu ersticken: im Autograph »zu sticken«.
Knecht: die »Weinstube Knecht« in der Landschaftsstraße 5. Ihr Gebäude wurde im Zweiten Weltkrieg zerstört, das Lokal nach 1944 nicht weitergeführt.

Clemens (S. 52 ff.). Nach 1945. Undatiertes Typoskript im Nachlaß. Titel vom Herausgeber.

Das Pferd der lieben Alten (S. 55 ff.). Diese Fassung entstand nach 1945 in München. Undatiertes Typoskript im Nachlaß. Die erste Version, von 1933, die in Berlin spielt, wurde unter dem Titel »Das Pferd« gedruckt in »Berliner Börsen-Courier«, Berlin, Nr. 77/1933, 15. Februar, S. 7.

Der Beißkorb (S. 59). Nach 1945. Undatiertes Typoskript im Nachlaß.

Vor dem Film (S. 60-67). Nach 1945. Undatiertes Typoskript im Nachlaß.

Situation des Verlorenseins (S. 68-73). 1965. Typoskript im Nachlaß. Titel vom Herausgeber.

Die Bayerische Akademie der Schönen Künste (S. 74 ff.). 1965. Typoskript im Nachlaß.

Graf Podewils: Clemens Graf Podewils, von 1949 bis 1975 Generalsekretär der Akademie.

Preetorius: der Bühnenbildner Emil Preetorius, von 1953 bis 1968 Präsident der Akademie. Koeppen schrieb versehentlich »Prätorius«.

Herr von Pöllnitz: Baron von Pöllnitz, kein Mitglied der Akademie, regelmäßiger Besucher ihrer Veranstaltungen.

Ina Seidel: 1885-1974, die Schriftstellerin war seit ihrer Jugend nach einer Krankheit schwer gehbehindert.

Schlußszene des Danteromans: nicht realisierter Plan Koeppens.

Marieluise Fleißer: die in Ingolstadt geborene Schriftstellerin, 1901-1974, wurde vor allem durch Theaterstücke bekannt, die in ihrer bayerischen Heimat spielen (so die Komödie »Pioniere in Ingolstadt«, 1929).

Friedrich Georg Jünger: 1898-1977, konservativ-traditionshegender Lyriker und Essayist.

Merkur: die Tageszeitung »Münchner Merkur«.

Schuhhändler vor dem Cadore (S. 77). 1967. Typoskript im Nachlaß. Titel vom Herausgeber.

Bologna: Restaurant in der Tengstraße 20, seit Anfang der achtziger Jahre dort das Restaurant »Savoy«.

Cadore: Eiscafé in der Leopoldstraße 52a, von 1951 bis 1991 eine »Schwabinger Institution«.

Ich müßte König in Bayern sein (S. 78). 1972. Autograph und Typoskript im Nachlaß. Titel vom Herausgeber.

Vogel: Dr. Hans-Jochen Vogel, Münchner Oberbürgermeister von 1960 bis 1972.

Unterirdisch überirdisch (S. 79-85). 1973. Typoskript im Nachlaß.

Hahnhof: die »Hahnhof Weinstuben« in der Leopoldstraße 32, seit den fünfziger Jahren wegen ihrer günstigen Preise vor allem bei Studenten beliebt, Mitte der achtziger Jahre geschlossen. Daneben gab es in München noch vier weitere Lokale dieses Namens.

Vier Jahreszeiten: das »Restaurant Walterspiel« im Hotel Vier Jahreszeiten, Maximilianstraße 17, heute »Bistro im Vier Jahreszeiten«.

Der alte Walterspiel: der renommierte Koch Alfred Walterspiel, dessen 1955 erschienenes Buch »Meine Kunst in Küche und Restaurant. Erfahrungen und kulinarische Anschauungen eines internationalen Kochs« mehrfach aufgelegt wurde.

Kaufingerstraße (S. 86). 1974. Typoskript im Nachlaß. Titel vom Herausgeber.

Zurückgekämmtes hellblondes strähniges Haar wie Lenz: den Dichter Jakob Michael Reinhold Lenz mit dieser Frisur stellt eine vor 1785 entstandene Radierung von Georg Friedrich Schmoll dar.

Hauptbahnhof (S. 88). Undatiertes Typoskript im Nachlaß.

Die Ausstrahlung der Brutalität (S. 89 f.). 1975. Typoskript im Nachlaß. Titel vom Herausgeber.

Stadtmuseum (S. 91 ff.). 1975. Typoskript im Nachlaß. Titel vom Herausgeber.

Doktor Goldschmidt: Rudolf Goldschmidt, von 1964 bis 1979 Feuilleton-Chef der »Süddeutschen Zeitung«.

Gespeichertes Geschichtsbewußtsein (S. 94). 1977. Aus dem Essay »Oknos«. Manuskript im Nachlaß. Titel vom Herausgeber. Der vollständige Text in: »Arsenal, Beiträge zu Franz Tumler«, München, Zürich 1977, und in »Gesammelte Werke«, Frankfurt am Main 1986, Band 6, S. 414-415.

Zu den Dolomiten: das »Ristorante Italiano Zu den Dolomiten«, Altheimer Eck 5, das bis 1955 nachzuweisen ist.

Träume in einem möblierten Zimmer (S. 95 ff.). Undatiertes Typoskript im Nachlaß. Titel vom Herausgeber.

Theodor Wille: der Onkel Koeppens.

Herr und Frau Michaelis: Berliner Bekannte Koeppens, mit denen er 1934 nach Holland übersiedelte.

Ungererstraße: Koeppen wohnte von 1945 bis 1964 in der Ungererstraße 43, von 1964 bis 1967 in der Löwithstraße 2.

Camera obscura (S. 98 f.). Undatiertes Typoskript im Nachlaß.

Allein in meiner Wohnung: in der Widenmayerstraße 45, wo Koeppen von 1967 bis 1994 wohnte. Seine beiden letzten Lebensjahre verbrachte er in einem Seniorenheim in der Gollierstraße 75.

Der kluge Kopf: die in Koeppens Nachlaß erhaltene Plastik »Lachender Alter«, ein vermutlich 1933 in der Repliken-Abteilung des Pergamon-Museums Berlin gekaufter Gipsabguß nach einem heute verlorenen Original vielleicht aus der Renaissance, sicher nicht, wie er vermutete, aus der Antike.

Gewitter (S. 100). Undatiertes Typoskript im Nachlaß.

O.: Ortelsburg in Ostpreußen, Koeppen verbrachte dort einen Teil seiner Jugend.

Die Horde (S. 101 f.). Undatiertes Typoskript im Nachlaß. Titel vom Herausgeber.

Ein schöner Abend (S. 103). 1980. Undatiertes Typoskript im Nachlaß. Titel vom Herausgeber.

Cadore: vgl. die Anmerkung zu dem Text »Schuhhändler vor dem Cadore«.

Enzensberger und seine Zeitschrift: »Transatlantik«, erstmals 1980 erschienen, unter maßgeblicher Beteiligung Hans Magnus Enzensbergers.

Marienplatz (S. 104 f.). 1980. Undatiertes Typoskript im Nachlaß. Titel vom Herausgeber.

Ein Fußballverein hatte gesiegt: der TSV 1860 München, der am 6. September 1980 in München gegen den 1. FC Köln mit 2:1 gewann. Der FC Bayern München besiegte an diesem Tage Arminia Bielefeld ebenfalls mit 2:1, das Spiel fand jedoch in Bielefeld statt, so daß die Bayern-Fans zum Zeitpunkt der Beobachtungen Koeppens noch nicht wieder in München eingetroffen sein konnten.

Strauß: Franz Josef Strauß, von 1978 bis 1988 bayerischer Ministerpräsident.

Die Vollendung eines Schicksals (S. 107). 1982. Dankrede für die Verleihung des Kulturellen Ehrenpreises der Stadt München. Gehalten am 7. Juli 1982 im Münchner Rathaus. Nach dem Originalmanuskript im Nachlaß. Gedruckt in »Süddeutsche Zeitung«, München, Nr. 161/1982, 17./18. Juli, und in »Gesammelte Werke«, Frankfurt am Main 1986, Band 5, S. 357-362.

»Der Jüngste Tag«: vgl. die Anmerkung zu dem Text »München oder Die bürgerlichen Saturnalien«.

Das Corps erschlug Eisner: Kurt Eisner, Publizist und Politiker, 1918 Ministerpräsident und Außenminister der »demokratischen und sozialen Republik Bayern«, 1919 von Graf Arco-Valley ermordet.

Grablegung eines Dichters. Er schrieb einen Totentanz. Er rief: »Es ist ein Unglück in der Stadt.« Als die Erde auf seinen Sarg fiel, wußte man, daß er unter einem falschen Namen gelebt, sich eine phantastische Identität erdichtet hatte. Es wurde wieder ein Marquis von Keith beerdigt: Carl Werner, der 1978 in München starb. Mit dem »Totentanz« ist sein »Pestlied« gemeint, das unter dem Titel »Ist ein Unglück in der Stadt« 1962 in einem gleichnamigen Gedichtzyklus erschien. Er hatte »unter einem falschen Namen gelebt«, er hieß nicht Carl Werner, sondern Carl Stilger (Wilhelm Deinert: »Eine neue poetische Gattung. Vorgestellt am Beispiel des ›Pestlieds‹ von Carl Werner«, in »Literaturwissenschaftliches Jahrbuch«, Band 26/1985). Und er hatte sich in der Tat »eine phantastische Identität erdichtet«, fast alle Daten, die er über seine Biographie verlautbarte, sind mit dem darstellerischen Talent eines begabten Scharlatans erfunden, folgerichtig ist auch das Todesdatum doppelt überliefert, der 16. oder der 17. März 1978. »Niemand weiß zu sagen, was an dieser Existenz Wirklichkeit, Phantasie, Erfindung, Hochstapelei war – jedenfalls das, was Literatur ausmacht« (Horst Bienek: »Carl Werner«, in »P.E.N.-Schriftstellerlexikon Bundesrepublik Deutschland«, herausgegeben von Martin Gregor-Dellin und Elisabeth Endres, München 1982). Er wurde nicht 1919 in Berlin mit der von ihm angedeuteten hochadeligen Abkunft geboren – man durfte ihn für einen Prinzen von Hohenzollern halten und mit »Königliche Hoheit« anreden –, sondern (vermutlich) 1909, jedoch nicht in Tilsit als Sohn eines Fleischwarenhändlers (Deinert), sondern im Münchner Stadtteil Giesing als Sohn eines Metzgers. Er war weder Staats- und Kirchenrechtler noch promovierter Jurist (»Kürschners Literatur-Kalender«, Ausgabe 1978). Ungewiß ist, ob er »Kaufmann gelernt« hatte und bis 1958 »in Bereichen der Wirtschaft« tätig gewesen war (Deinert). Fest steht nur, daß er danach in München lebte, als freier Schriftsteller, der »wie ein Besessener an seinen Texten arbeitete«, was ihm »durch freundschaftliche Hilfe ermöglicht wurde«, er schrieb, dies vor allem, experimentelle Lyrik und Prosa, vieles blieb ungedruckt, darunter der Roman »Abziehbilder«, Essays und Dramenfragmente, auch mit Versuchen zur »akustischen« Literatur befaßte er sich. Auf die Verwendung Koeppens, Ulrich Sonnemanns und Jean Amérys hin wurde er Mitglied des P.E.N. (Bienek). Das mit Kork austapezierte Arbeitszimmer in der Wohnung Isabellastraße 24 und den Autor darin hat Koeppen eindrücklich geschildert: »Seine Werkstatt ist eine Zelle, eine Mönchszelle, Zuchthauszelle, Gehäus des Hieronymus. Er blickt auf den Hof, auf den dunkelgrauen Asphalt, eine harte, hier Tiefe vortäuschende Fläche. Der Regen zerrt das Licht in Pfützen, offenbart das Spektrum in Anilin. Der Horizont ist eine Front grauer Garagentüren ... Auch er hofft, zu Geld zu kommen. Er wird den Raum von der Gemeinschaft isolieren, die Wände werden den Schall schlucken, die Fenster werden in eine verstummte Welt blicken. Er wird sich selbst nicht hören, nicht sein Atmen, nicht sein Wort, nicht seinen Schritt, nicht das Geklapper der Schreibmaschine, nicht den Lauf der besprochenen Tonbänder, nicht die Rede der stereophonen Säulen. Die Luft wird wie Watte sein. Er wird ersticken oder sich vollenden« (»Prolog« zu den »Bewegungsstudien in deutsch«, in: »Merkur«, Heft 209/1965, verändert als »Nachrede« zur Sammlung der Wernerschen Gedichte, München 1971). Koeppen erwähnt dort auch, daß drei kleine Dichtungen, von »Freunden in der Lehrwerkstätte der Akademie für das Graphische Gewerbe in München« gedruckt, in einer Auflage von sieben Exemplaren erschienen seien. Berichte über ihn, die allerdings ihrerseits nachzuprüfen wären, denn einiges ist offenkundig erfunden, beschreiben eine »vielseitige Wirkung« neben seiner schriftstellerischen Tätigkeit, so die »von ihm angeregte ›Gesellschaft für

Entwicklungsforschung‹ mit dem Ziel der ›Erhaltung des Humanum in einer technisierten Umwelt‹« und die »von ihm mitbegründete ›Mittwochsgesellschaft‹«, in der er »einflußreiche Vertreter der Regierung, Gewerkschaften und Industrie« zu Referaten vereint habe, ferner »Literaturabende mit Lesungen unterschiedlichster Autoren in seiner Wohnung« und ein »sprachwissenschaftlicher Arbeitskreis, dessen Zusammensetzung von Naturwissenschaftlern bis zu Lyrikern reichte« (Deinert). Er sei »hochgebildet« gewesen, habe Hölderlin und Trakl »auswendig« gekannt, über Schopenhauer ebenso sachkundig wie über Wittgenstein gesprochen, habe sich »für kranke Schriftsteller« engagiert, »mäzenatisch Renten für arme Kollegen« und »verrückte Faschingsfeste« organisiert. Zu seinen Freunden hätten in erster Linie Schriftsteller« gehört, aber auch »Ärzte, Industrielle, Stadträte, Theater-Intendanten«. Noch »nach 1968, als schon die Polarisierung der Schreibenden einsetzte«, habe er »so verschiedenartige Temperamente« zusammengeführt wie Christian Enzensberger, Jean Améry, Günter Herburger, Hans Jürgen Syberberg, Hans Schweikart, Alexander Kluge, Manès Sperber, Marianne Hoppe, Ernst Maria Lang oder Jürgen Habermas: »Überhaupt, wenn man in unserer Zeit noch von einem literarischen Salon sprechen kann, hier gab es ihn, und es war wohl der einzige literarische Salon, den es nach dem Kriege in Deutschland gab und der keinerlei Interessen, Pfründe oder Politik verfolgte« (Bienek). Kurz vor seinem Tode beschäftigte er sich damit, »seine Sämtlichen Werke in einem Band in einer Auflage von nur zehn Exemplaren herauszugeben«, an seinem Grabe stand »ein ganz junger Autor, Michael Krüger, fand bewegende Worte für ihn und warf statt der drei Hände Erde dessen drei Gedichtbände auf den Sarg«: »Dieser Mann war in seiner Existenz ein Stück Literatur, und so mag es wohl sein, daß man sich mehr an seine Bücher als an seine Person erinnert« (Bienek). Einige der noch Lebenden unter den oben Aufgeführten können sich allerdings gar nicht an ihn erinnern.

Koeppens Meinung über ihn findet sich ebenso diskret wie deutlich in seinem Vergleich mit dem »Marquis von Keith«, der Titelfigur in Frank Wedekinds Schauspiel von 1901, »Münchner Szenen« um einen Hochstapler, Betrüger und Bankrotteur, dessen Vorbild wiederum eine andere zweifelhafte Existenz war, der Maler, Fälscher und Kunsthändler Willy Grétor; die Maxime des natürlich falschen Marquis, »Die

Wahrheit ist unser kostbarstes Gut, man kann nicht sparsam genug damit umgehen«, paßt ebenso auf Carl Werner wie die Sentenz am Schluß des Stücks: »Das Leben ist eine Rutschbahn.«

Eine Münchnerin wurde meine Gefährtin: Marion Ulrich, die Koeppen 1948 heiratete.

Leonrodplatz (S. 116). 1982. Typoskript im Nachlaß. Titel vom Herausgeber.

Wer bereitet den Raben die Speise (S. 117-127). Unveröffentlichte zweite Fassung. 1983. Undatiertes Typoskript im Nachlaß. Die erste Fassung in »Ensemble. Internationales Jahrbuch für Literatur. Lyrik, Prosa, Essay«, Band 9, München 1978, S. 43-49, und in »Gesammelte Werke«, Frankfurt am Main 1986, Band 3, S. 269-276.

Georg von der Vring: Schriftsteller und Maler, 1968 in München ertrunken aufgefunden.

Mir erschien Louis Clappier, der Gefangene der Festung Königsberg, der, befreit, deutsche Literatur nach Frankreich brachte und sich in die Seine: Louis Clappier war bis zum Ende des Zweiten Weltkriegs in Königsberg inhaftiert, sein Roman über diese Zeit, »Place-forte Koenigsberg«, erschien 1951 in Paris, deutsch 1952 unter dem Titel »Festung Königsberg«. Ab 1945 beteiligte er sich am Aufbau der Kulturverwaltung in der französischen Besatzungszone, 1949 gehörte er zeitweilig zu den Herausgebern der in Reutlingen erscheinenden Zeitschrift »Aussprache. Deutsch-französische Hefte«. 1952 kam »Le Ciel ne paie pas d'intérêts« heraus, seine Übersetzung von Richard Kaufmanns Roman »Der Himmel zahlt keine Zinsen«, 1953 folgte »Pigeons sur l'herbe«, seine französische Version von Koeppens Roman »Tauben im Gras«. Von 1952 bis 1955 leitete er die Redaktion der in Paris publizierten Zeitschrift »Allemagne d'aujourd'hui. Revue française d'information«. Schon während seiner Haft unheilbar erkrankt, nahm er sich 1956 siebenunddreißigjährig in Paris das Leben.

Paul Celan: er beging 1970 Selbstmord in der Seine.

Virginia Woolf: sie nahm sich 1941 das Leben.

An der Isar (S. 128 ff.). 1983. Undatiertes Typoskript im Nachlaß.

An den Abendstern: aus der Oper »Tannhäuser und der Sängerkrieg auf der Wartburg« von Richard Wagner.

In einem Hotel (S. 132 ff.). 1984. Fragmente aus dem abgebrochenen Romanprojekt »Tasso oder Die Disproportion«. Typoskript im Nachlaß. Titel vom Herausgeber.

Im Bett lag eine Tote: Koeppens Ehefrau Marion starb 1984.

Der Redner war Minister, Vorsitzender aller Katholiken in der Bundesrepublik: Hans Maier, von 1970 bis 1986 bayerischer Kultusminister, von 1976 bis 1988 Präsident des Zentralkomitees der deutschen Katholiken.

Ein alter Herr (S. 136). Aus »Ich über mich«, in »Wolfgang Koeppen«, herausgegeben von Eckart Oehlenschläger, Frankfurt am Main: Suhrkamp 1987, S. 32 (suhrkamp taschenbuch materialien. 2079). Zuerst in »Die Zeit«, 4. 7. 1986, »Zeit-Magazin« Nr. 28. Titel vom Herausgeber.

Der Friedensengel (S. 138). Undatiertes Typoskript im Nachlaß.

Der Friedensengel: Die Säule mit dem »Friedensengel« und die dazugehörende »Korenhalle« entstanden 1896 bis 1899 zur Erinnerung an den 1871 mit Frankreich geschlossenen »Frieden«.

Viktoria: im Typoskript »Veronika«.

Deshalb bin ich gern hier (S. 140). 1989. »Merian«, Hamburg, Heft 1/1990, S. 22.

Für freundliche Auskunft und Hilfe danke ich Herrn Dr. Bauer, Bayerische Akademie der Schönen Künste, Herrn Walther Dörger, Frau Archivamtsrätin Eva Graf (Stadtarchiv München), Herrn Prof. Dr. Jürgen Habermas, Herrn Günter Herburger, Herrn Dr. Michael Krüger, dem Kreisverwaltungsreferat der Landeshauptstadt München/Hauptabteilung II/221, Monacensia Literaturarchiv und Bibliothek München, Herrn Prof. Dr. Müller-Waldeck (Wolfgang Koeppen Archiv der Ernst Moritz Arndt Universität Greifswald), der Redaktion der »Süddeutschen Zeitung«, Herrn Hans Jürgen Syberberg, Herrn Dr. Reinhard Tgahrt (Schiller-Nationalmuseum/Deutsches Literaturarchiv Marbach am Neckar), Frau Gela Grzemski, Frau Angelika Wirtz und Frau Andrea Wölbing (Stadt- und Universitätsbibliothek Frankfurt am Main) sowie ganz besonders Frau Dr. Monika Estermann.

A. E.

INHALT